行政活動論

公務員の仕事

太田 秀也

大成出版社

はしがき

　本書は、行政活動、もう少し端的にいうと、行政の仕事・公務員の仕事の内容や役割を、具体的な政策事例もまじえながら、わかりやすく伝えることを目的とするものです。

　公務員を志望する者や公務員になった者、さらには国民・住民の方々が、実際の行政の仕事・公務員の仕事はどんなものか、わかりやすく説明したテキスト・書籍があまりないのではないかと思います。

　私の経験でもそうです。私はもともとは国家公務員（国土交通省職員）で、現在は、実務家教員（任期付）として大学で「公共政策」などの講義を行っていますが、学生や一般の方々から、「公務員の仕事って、どういうもの？」と、聞かれることがよくあります（他の人がどのような仕事をしているかは、なかなかわからないのは普通のことでしょうが）。また、大学で「公共政策」の講義を行うに当たって、公務員の仕事の内容をわかりやすく伝えることも目的の1つとしましたが、それに適したテキストがないと感じ、当初、手探りでカリキュラムを組み、講義資料を作成して、授業を行ってきました。その後、学生の意見も聞きながら、授業内容の見直しを行い、現在は、現役公務員による業務内容の講演、個別の政策の具体的内容の説明、演習、グループ討議等を取り入れて講義を進めています。

　本書は、それら講義内容も反映し、また、これまでの公務員としての業務経験も踏まえ、行政活動の内容や役割をわかりやすく伝えるようとするもので、そのため、次のような点に特色を持たせています。

　①**全体を二部構成とし、第Ⅰ部で総論的内容を、第Ⅱ部で個別行政分野の具体的内容を記述する。**

　②**行政活動を、政策形成活動と政策実施活動ととらえ、後者に関して、政策の細目設計や運用、事業の実施などの実際の行政活動の内容を盛り込み（主に第Ⅱ部）、一般的なテキストではあまり取り上げられていない政策実施活動についても焦点を当てる。**

　③**第Ⅰ部では、行政活動に関わる学問分野（行政法学、公共政策学等）**

の様々な知見を盛り込み、行政活動の必要性（Why）、運営（How）、主体（Who）等の視点で、また、政策手法や立法過程等にも着目しつつ、行政活動全般の内容を広範な視角からとらえて説明する。加えて、実際の政策立案に向けて政策立案の方法を説明する。

〔付言すると、第Ⅰ部第1章では、行政法学（行政過程論・行政組織論）をベースにし（第3節1・2は公共政策学等も）、第2章・第3章は立法学や筆者の行政経験をベースにしつつ、それ以外の知見も盛り込みつつ、ただ、必ずしもそれら学問分野の体系にこだわらず、シンプルな構成でわかりやすく説明することを目指す。〕

④第Ⅱ部では、7つの行政分野を取り上げ、政策内容の説明に加え、様々な異なる観点（法令解釈、個別運用、個別事業内容、実施組織・体制、事業効果、政策形成過程等）から行政活動の具体的な内容や役割が実感できるよう工夫する。

ただ、国土交通省の職員である私が経験した業務は、国の業務が中心で、それも、住宅、公園、河川などの限られた分野の業務経験しかないのが実情であり（ただし、膨大かつ細分化された行政業務のすべてを経験することはあり得ないところではありますが）、その限られた経験をもとにしたものである点に留意をお願いいたします。また、本書の執筆においては、私が経験した業務に関係する内容も記述していますが、当然ながら、その内容は筆者の個人的見解であることをお断りしておきます。

本書の執筆・出版には当たっては、大成出版社の大塚徳治氏及び法律情報出版の林 充氏にお世話になり、ここに記して謝意を表します。

本書が、公務員を志望している方や公務員として働き始めた方、さらには国民・住民の方々にとって、行政の仕事、公務員の仕事の理解の一助になれば幸いです。

2015（平成27年）4月

太田秀也（日本大学経済学部教授）

行政活動論 ―公務員の仕事― 目次

はしがき
主要参考文献 ································· 7

第Ⅰ部 総論編 ································· 9

第1章 行政活動総論 ································· 10

序節 本書で扱う「行政活動論」 ································· 10
1 本書の対象、記述方針 ································· 10
2 行政活動の内容（導入的説明） ································· 13

第1節 行政活動の必要性・役割 (Why?: なぜ行政活動が必要か?) ················· 17
1 行政活動（公共政策）の必要性 経済学的観点からの説明 ················· 17
2 行政活動（公共政策）の必要性 法学的観点からの説明 ················· 18

第2節 行政活動の類型 (What?: 行政はどのような活動を行っているのか?) ········ 21

第3節 行政活動の運営 (How?: 行政活動はどのように行われているのか?) ········ 25
1 行政活動（公共政策）の過程 ································· 25
  (1) 政策形成 ································· 26
  (2) 政策実施 ································· 32
  (3) 政策評価 ································· 39
2 行政活動の政策手法 ································· 45
  (1) 規制 ································· 46
  (2) 直接供給 ································· 50
  (3) 誘導その他の手法 ································· 51
3 行政活動の原理・原則 ································· 56
  (1) 法律による行政の原理 ································· 56
  (2) その他の主な一般原則 ································· 58
4 行政通則法（行政手続法、情報公開法、行政機関個人情報保護法） ······ 60

第4節　行政活動の主体 (Who?: 誰が行政活動を行っているのか?) …………… 64
1　行政主体と行政機関 …………………………………………… 64
2　国と地方公共団体の役割分担 ……………………………… 65
3　国 …………………………………………………………………… 66
4　地方公共団体 …………………………………………………… 68
5　公務員 …………………………………………………………… 72

第2章　立法（法律・条例の制定） ………………………………… 78

第1節　条例の制定（内容） …………………………………………… 78
1　条例の概要 ……………………………………………………… 78
2　条例制定権の範囲 …………………………………………… 80
3　様々な自主条例の事例 ……………………………………… 81

第2節　立法過程（プロセス） ………………………………………… 86

第3章　政策立案の方法 ………………………………………………… 91
1　政策課題の発見・設定 ……………………………………… 91
2　政策立案 ………………………………………………………… 96
3　政策立案の具体例 …………………………………………… 101

第Ⅱ部　個別行政分野編 ……………………………………………… 109
第1章　屋外広告物行政 ……………………………………………… 112
第2章　不動産行政 …………………………………………………… 136
第3章　住宅行政 ……………………………………………………… 153
第4章　都市行政 ……………………………………………………… 174
第5章　河川行政 ……………………………………………………… 188
第6章　バリアフリー行政 …………………………………………… 212
第7章　地域の自主条例による政策―路上喫煙対策― ……… 224

主要参考文献

1　行政法学分野

阿部泰隆『行政法解釈学I』	（有斐閣 2008）
同　　　『行政の法システム（上）（下）〔新版〕』	（有斐閣 1997）
宇賀克也『行政法概論I 行政法総論〔第5版〕』	（有斐閣 2013）
大橋洋一『行政法I 現代行政過程論（第2版）』	（有斐閣 2013）
大浜啓吉『行政法総論〔第3版〕』	（岩波書店 2012）
櫻井敬子・橋本博之『行政法〔第4版〕』	（弘文堂 2013）
塩野宏『行政法I〔第5版補訂版〕』	（有斐閣 2013）
芝池義一『行政法講義〔第3版〕』	（有斐閣 2013）
曽和俊文『行政法総論を学ぶ』	（有斐閣 2014）
原田大樹『例解 行政法』	（東京大学出版会 2013）
原田尚彦『行政法要論〔全訂第七版補訂二版〕』	（学陽書房 2012）

2　公共政策学、政策科学、政策法務、立法学、政策立案等の分野

秋吉貴雄・伊藤修一郎・北山俊哉『公共政策学の基礎』	（有斐閣 2010）
足立幸男・森脇俊雅編著『公共政策学』	（ミネルヴァ書房 2003）
新藤宗幸『概説 日本の公共政策』	（東京大学出版会 2004）
宮川公男『政策科学入門〔第2版〕』	（東洋経済新報社 2002）
兼子仁・北村喜宣・出石稔共編『政策法務事典』	（ぎょうせい 2008）
磯崎初仁『自治体政策法務講義』	（第一法規 2012）
中島誠『立法学〔第3版〕』	（法律文化社 2014）
ユージン・バーダック『政策立案の技法』	（東洋経済新報社 2012）

3　行政学分野

西尾勝『行政学〔新版〕』	（有斐閣 2001）
真渕勝『行政学』	（有斐閣 2009）

4　地方自治論分野

宇賀克也『地方自治法概説〔第5版〕』	（有斐閣 2013）
山口道昭編著『入門 地方自治〔第1次改訂版〕』	（学陽書房 2012）

5　公共経済学、財政学分野

井堀利宏『ゼミナール 公共経済学入門』　　　　　（日本経済新聞社 2005）
奥野信宏『公共経済学 第3版』　　　　　　　　　　（岩波書店 2008）

6　個別行政分野

国土交通省都市局公園緑地・景観課監修／屋外広告行政研究会編集
　『屋外広告の知識 第四次改訂版 法令編』　　　　（ぎょうせい 2013）
生田長人『都市法入門講義』　　　　　　　　　　　（信山社 2010）
安本典夫『都市法概説〔第2版〕』　　　　　　　　　（法律文化社 2013）
都市計画法制研究会編著『よくわかる都市計画法〔改訂版〕』　（ぎょうせい 2012）
稲本洋之助・小柳春一郎・周藤利一『日本の土地法〔第2版〕』　（成文堂 2009）
河川法研究会編著『改訂版〔逐条解説〕河川法解説』　（大成出版社 2006〔第2版〕）
河川法令研究会編著『よくわかる河川法 第二次改訂版』　（ぎょうせい 2012）
盛山正仁『バリアフリーからユニバーサル社会へ』　　（創英社 2011）

（※テキストとしての性格上、特に必要と思われる場合以外、その都度逐一引用等は明示していない。）

摘　要
● 文中、
　● "**備考**"では、本文の内容の追加・付言となるような内容
　● "**一歩先へ**"では、実務の扱いなど、本文の内容のより詳しいあるいは別の観点からの内容
　● "**トピックス**"では、公務員による体験談等、行政活動（公務）の現場ややりがい等が伝わる内容
　● "**参考**"では、本文の内容に関連する参考事項や参考として知っておくといいと思われる内容
　を記載している。
● 巻末の事項索引において第Ⅰ部の事項に対応する第Ⅱ部の具体的政策内容がわかるように整理しているので、適宜参照されたい。

第 I 部

総論編

第1章
行政活動総論

序節　本書で扱う「行政活動論」

1　本書の対象、記述方針

ⅰ）行政活動とは

　本書では、国・地方公共団体（行政主体）が行う行政活動について、主に、どのような内容の活動が行われ、どのような役割を果たしているかを中心に記述する。

　ここで、「行政活動」は、「公共政策を形成し、実施する活動」をいう。

　また、「公共政策」とは、民間部門では解決できない「公共的問題」の解決を目標として行われる「政策」（問題解決のための行動指針や具体的施策）をいう。なお、この「公共的問題」とは、単なる私的問題であったり、個別的団体固有の問題でない、社会全体の問題として社会で解決すべき問題をいうが、何を「公共的問題」として「公共政策」の対象とするかは、時代、社会情勢により異なり、変化する。行政活動の分野は、過去の小さな政府（自由放任、夜警国家）から、大きな政府（積極国家、福祉国家）への移行で拡大し、現在では、外交政策、安全保障政策、社会政策、文化政策、教育政策、環境政策、経済政策、産業政策（農業政策、エネルギー政策等）、地域政策（都市・地域整備、地域振興）等、様々な分野に及んでいる。

　本書では、これら現在の公共的問題の解決を解決するため、国・地方公共団体が行う行政活動について扱うものである。

<備考>

1 「公共政策」の形成・実施の主体は、国・地方公共団体（行政主体）だけでなく、NGO、NPOなど様々な主体による公共的問題の解決も重要になっている（ガバメントからガバナンスへの動き）が、本書では、行政活動あるいは公務員の仕事について説明するという本書のねらいから、端的に、統治団体たる行政主体である国・地方公共団体（ただし独立行政法人、公共組合等の特別行政主体も含む）が行う行政活動に焦点を当てて、説明する。

　なお、「行政」の概念についても、控除説（国家作用の中から立法作用と司法作用を除いたものを行政とする）、積極説（「現実に国家目的の積極的実現を目指して行なわれる具体的な国家活動」（田中二郎）等）の見解があるが、本書では、国・地方公共団体が行う行政活動を対象にしているので、そこに立ち入ることはしない。

2 公共政策のうち、例えば国では、内閣が、（法律に関しては）内閣提出法案、（予算に関しては）予算案を作成し、国会が議決するものであることから、それらに関しては、厳密にいうと、内閣（行政府）は政策の「形成」でなく、「立案」にとどまるともいえるが、本書では、立法過程等における行政府（各府省）の国会との調整等も含め対象とし、また、法律、予算に関係ないガイドラインなど各府省等が「形成」している政策も対象とすることから、「政策の形成」も行政活動の１つとしてとらえている。

3 国・地方公共団体（行政主体）が行う行政活動には、私人に向けて行われる対外的な行為（行政作用）と、行政主体の内部における行為（国の行政機関である各府省内の行為や各府省間の行為等）や行政主体間での行為（国と地方公共団体との間の行為等）があるが、本書の記述は、前者の行政主体が私人に向けて行う行為を中心とする（後者についても前者との関係もある部分は対象とする）。

ⅱ）本書の対象

　国・地方公共団体が行う行政活動は、大きくいって、その行うべき行政活動を決定する政策形成と、決定された政策内容を実施する政策実施（執行）の活動がある（加えて、決定され実施されている政策が想定された役割を果たしているかを評価し、必要に応じ改善等をする政策評価活動があ

る)。本書では、その両活動を対象とする。

　また、政策としては、法令の立案や解釈・運用だけでなく、予算措置（金融措置・税制措置を含む）や、例えばガイドライン策定・運用など、行政主体が行う行政活動を広く対象とする。

　加えて、国・地方公共団体において実際に行政活動を行っている行政主体の組織・人（公務員）についても対象とする。

　すなわち、本書では、行政活動（公共政策）について、政策形成及び政策実施（政策評価を含む）、政策主体（組織・人）などの観点から、全体的に対象として説明することとしたい。

ⅲ) 記述方針

　この行政活動に関しては、行政法学を中心に、公共政策学、政策法務、行政学など様々な学問分野において研究の対象とされているところであり、本書は、それらの内容をいわば「all in one」的に紹介するものであるが、必ずしもそれら学問分野の成果を網羅的・体系的に紹介するものではなく、行政活動の内容や役割を理解する上で有用と思われる点を重点的・選択的に記述することとしたい。

　例えば、行政法学の分野では、行政過程論を中心に、あわせて行政組織論を取り上げるが、行政救済論（争訟・補償）は直接的には取り上げておらず、他方で、行政法各論として個別法の内容を複数紹介する。また、行政の行為形式論（行政立法、行政計画、行政行為、行政契約、行政指導）等の法解釈論的な理論の観点からでなく、内閣提出法案・自治体首長提出条例案の立案等の政策立案の観点や私人との関係性に着目し、規制・直接供給・誘導という手法に焦点をあてた記述とする。さらに上述のように、法律・条例という形式のものだけでなく、予算やガイドライン等情報提供といった形式の行政活動も広く対象とする。

> ● 参考
>   政策科学の始祖といわれるラスウエルは、公共政策学について、「of の知識」、「in の知識」の 2 つに区分している。前者は、政策過程に関する知識（knowledge of process）であり、政策がいかに決定され、実行に移さ

れるかについての体系的、経験的な知識（政策過程論等）であり、後者は、政策過程における知識（knowledge in process）であり、現実の政策決定において投入される利用可能な知識（費用便益分析等）をいうとされている。

　本書では、その両者を視野に入れ、公共政策（行政活動）の内容を理解し、さらに公共政策の立案ができるようにすることをめざして記述をしていくこととしたい。

2　行政活動の内容（導入的説明）

　ここでは、まず、本書で取り上げる行政活動（公共政策）のイメージを持ってもらうために、また、本書で以下にどのような内容を説明するかを紹介することをもかねて、具体例もまじえながら、行政活動（公共政策）の内容について説明していきたい。

　公務員となった者が実際に携わる業務や、住民等が実際に行政活動に接することの多い業務の中心は、例えば、住民票の交付、免許の更新、年金の給付など、担当分野の業務の日々の実施（ルーティン業務の実施）である。これが政策実施活動である。

　他方で、これらの担当業務を実施する上では、当然に、それらの業務の内容を定める制度、事業などの政策の策定や見直しが必要である。いわゆる政策形成活動である。

　政策実施を適正に行う上でも、政策の内容を十分理解しておくことが重要であり、ここでは、まず、政策形成を視野に入れつつ、行政活動（公共政策）のおおまかな内容を見ていくこととしたい。

ⅰ）政策の構成要素

　政策は、政策の目的と目的を達成するための手段（政策の内容）で構成される。

　また、後者の政策の内容は、大きくいって、①政策の実施主体、②政策の対象（客体）、③政策手法（手段）からなる（その際、政策実施の権限や政策資源（財源、人的資源等）も考慮する必要がある）。

　以下、それぞれの内容を見ていきたい。

ⅱ）政策の目的

政策の目的は、下記第1節「行政活動の必要性・役割」（17頁以降）で説明するところと大きく関連するが、当該政策を行うことで実現する公共的目的（公益）であり、換言すると、行政活動でしか解決できない公共的問題を解決することあるいは問題解決により実現される成果である。

ⅲ）政策の実施主体

ア　例えば、都市計画の決定は基本的に市町村が行う、都市公園の整備は国・都道府県・市町村が行う、不動産業（宅地建物取引業）の免許は都道府県知事が行う、といった、政策の実施を実際に行う主体のことである。後述の政策手法に応じてみると、規制においては許可等を行う主体（行政庁）、供給においては公共財・サービスの提供を行う主体、誘導においては補助金等の交付を行う主体である。この実施主体は、個別の法律、条例等により定められる。

イ　新たな政策を策定する際には、当該政策の実施主体を決定する必要がある。

　この場合、国が行うか、地方公共団体が行うか、地方公共団体の中でも都道府県（知事）が行うか、市町村（長）が行うかを決めることとなるが、政策実施主体を決定する方針に関するものとしては、地方分権推進法、地方自治法で定めがあり（65頁参照）、その考え方に基づき、検討する必要がある。

ⅳ）政策の対象（客体）

ア　これは、例えば、許可制であれば許可を受けるべき対象者であり、禁止制であれば一定の行為を行うことが禁止された対象者のことである。

イ　新たな政策を策定する際には、当該政策の対象を決定する必要がある。不特定多数の私人一般を対象にする場合や、特定の者に限定した場合など、政策目的に応じて対象を設定する。

ⅴ）政策手法（手段）

ア　政策目的を達成するために、行政において講ずべき政策の方法であるが、大きくいって、規制、直接供給、誘導の手法がある（45頁以下参照）。

イ　新たな政策を策定する際には、当該政策の手法を決定する必要がある。公共的問題の内容・原因に応じて、最適な政策手法を選択して、政策内容を決める必要があるが、行政活動の原理・原則（56頁参照）にそって決定する必要がある。また、必ずしも1つの政策手段だけでなく、複数の手段もあわせて講じる必要がある場合も多い。

ⅵ）具体的事例

以上の内容を、屋外広告物行政の中核となる屋外広告物法（昭和24年法律第189号）を例として概観してみよう（詳細は第Ⅱ部第1章参照）。

まず、同法第1条では次のように規定されている。

> 「この法律は、良好な景観を形成し、若しくは風致を維持し、又は公衆に対する危害を防止するために、屋外広告物の表示及び屋外広告物を掲出する物件の設置並びにこれらの維持並びに屋外広告業について、必要な規制の基準を定めることを目的とする。」

これにより、政策（法律）の目的は、「良好な景観を形成し、若しくは風致を維持し、又は公衆に対する危害を防止する」ことであり、政策手法は、屋外広告物の表示等について「規制」を行うことであることがわかる。

以下、同法の内容を見ると、規制の内容は、屋外広告物の表示等の禁止制（第3条）あるいは許可制（第4条）であり（他に屋外広告業の登録制（第9条）もある）、規制（政策）の主体は都道府県（知事）等であり（第3条等）、規制の対象は屋外広告物を表示等しようとする者であることがわかる。

このように実定法（行政作用法）を見ると、政策（法律制度）の内容がわかるが、当該制度の解釈・運用を的確に行うため、あるいは政策見直しの検討のため、さらには当該政策と異なる新たな政策を検討する際にも、実定法がそのように定められている背景、理由等、すなわち、屋外広告物法でいうと、屋外広告物行政がどうして必要なのか（必要性・役割）、屋外広告物行政の主体はなぜ都道府県となっているのか、屋外広告物行政の

政策手法はなぜ規制で、特に禁止・許可制となっているのか等について、理解する必要がある。

　この点で付言すると、我が国では、三権分立制、議院内閣制の下、法律を制定する立法権は国会にあるが、法律案の多くは内閣提出法案として内閣で作成されており、その法律案について、上記のような政策目的、政策主体、政策手法等を検討し、選択・決定するのは、各府省の職員である国家公務員である。これは地方公共団体においても同様で、首長提出条例案の内容を決めるのは、自治体の職員である地方公務員である。さらに、国・地方公共団体の予算案を作成するのも、公務員の仕事である。この意味でいうと、例えば、行政法学でいう行政形式論（行政立法、行政計画、行政行為、行政契約、行政指導）も、行政活動の運用等のために理解することとあわせ、政策立案のためにどのような行政形式・手法が適切かを選択するために理解し、学んでいくことも重要である。

　本書では、以下、上述のような内容について、順次、詳しく説明することとしたい。

＜備考＞
　ここで、以下の記述で出てくる法令の関係について簡単に説明しておく。
　行政活動に関する法である行政法は、行政と私人の法関係に関する行政作用法（この中に個別の行政法と行政通則法に分類される行政法がある）、行政組織に関する行政組織法、行政作用による私人の権利利益の救済に関する行政救済法というグループに分類される。
　また、行政法の形式（法源）には、大きくいって、国レベルの法律と地方公共団体レベルの条例があるが、法律（国会が制定）を施行等するための命令である政令（内閣が制定）、府省令・規則（各省庁等が制定）〔法律を施行するためのものであるため施行令、施行規則とも呼ばれる〕や、条例（議会が制定）を施行等するための規則（地方公共団体の長が制定）も、行政活動の内容を理解する上で重要である。

第1節　行政活動の必要性・役割
（Why?：なぜ行政活動が必要か?）

　序説で述べたように、「行政活動」は、民間部門では解決できない「公共的問題」の解決のために行われるものであるが、ここでは、「行政活動」が必要な理由について、経済学的観点、法学的観点から、敷衍して見ていくこととしたい。

1　行政活動（公共政策）の必要性　経済学的観点からの説明

　行政活動（公共政策）が必要となる理由は、（公共）経済学的な点から見ると、市場メカニズムでは解決できない「市場の失敗」が生じるためであり、これは、一般的には、①公共財の場合、②外部不経済が存在する場合、③情報の非対称性が存在する場合、④独占・寡占が存在する場合、⑤取引費用が大きい場合等が挙げられる。

> **＜備考＞**
>
> 　行政活動の必要性について、公共経済学では、次のように説明される（井堀利宏『ゼミナール　公共経済学入門』、奥野信宏『公共経済学』）。
> 　すなわち、政府の役割については、市場の失敗を調整する市場の補完と位置付けられており、そのために、政府が直接的な経済活動をしたり、民間の経済活動に間接的に介入するとされている。
> 　具体には、政府の機能として、3つの機能が挙げられる。
> ⅰ）資源配分機能：公共財の供給、外部不経済・情報非対称性の是正等
> ⅱ）所得再分配機能：個人（生活保護、社会保障等）、地域（地方財政調整）
> ⅲ）安定化機能：マクロ経済政策（有効需要創出等）
> 　＜なお、井堀では、将来世代への配慮も挙げている。＞
> 　例えば、国防や治安サービスという公共財（純粋公共財）については、サービスが供給されると対価を支払わなくてもサービスを消費でき（消費における排除不可能性）、また一人の個人が消費しても他の者の消費が妨げられない（消費における非競合性）ため、市場では供給されない。そのため、政府により供給する必要がある（なお、その際の最適な供給量は、市場に

> よる価格調整により決定されないため、サミュエルソンのルール（各個人の限界評価の和＝限界費用）で説明される）。
>
> 　また、外部不経済については、大気汚染などの公害は対価を払うことなしに供給することができるため、市場では適正な供給が行われない（なお、社会的な最適生産水準を達成するためには、外部効果を相殺する政府による課税（ピグー課税）が提案される）。

2　行政活動（公共政策）の必要性　法学的観点からの説明

ⅰ）行政法（規制法）の必要性

　法学的な点から見ると、行政活動に関する法律である行政法が必要な理由は、民事法あるいは刑事法では対応できない問題があるからである。行政法、民事法、刑事法は、いずれも法律として一定のルールを定めるものであり、民事法は私人間の関係を規律（権利義務関係や紛争解決を規律）するルールを、刑事法は国家が私人に制裁を科すルールを定めるものであるが、社会における紛争の防止・解決には十分でない点から、行政法が制定されている。

　以下、具体の場面で見てみよう。

　モノの売買の場面で見ると、例えば、フリーマーケットで中古の服を買ったところ、家に帰って紙袋を開いてみると中身がなかったような場合は、民事法（民法）では代金返還あるいは損害賠償を求めることができ、刑事法（刑法）では詐欺罪で刑罰の対象となったりするが、いずれも事後的対応にすぎず、紛争・被害の未然防止に効果が限定的であり、さらに売主が任意で代金返還等をしない場合は訴訟を提起する必要があり、時間的・経済的負担が大きく、加えて仮に裁判で勝訴しても売主に資力がない場合は代金返還等がされない場合もあり、被害回復もできない。安価なモノの場合は、自己責任ということでやむを得ない場合もあるが、これがマンションの売買など高価なモノの場合は、買主の経済的利益の保護にとどまらず、不動産を安心して購入することができないことにもなり、不動産市場の信用破壊にもつながるおそれがある。そこで、不動産の売買においては、宅

地建物の売買を事業として行う業者は、都道府県知事等による免許を取得することを必要とする規制（免許を得るためには一定の財産基盤等が求められる）を行う行政法である「宅地建物取引業法」（昭和27年法律第176号）が制定されている（141頁参照）。すなわち、不動産の買主の利益の保護（消費者保護）等のために、モノの販売をするという営業の自由を不動産の売買においては一部制限しているのである。

ⅱ）その他の公共政策（誘導手法）の必要性

以上が、一般的に行政法学の観点から指摘される点であり、それは規制法の必要性について説明したものであるが、他にも、誘導手法であるガイドライン等についても、その必要性が指摘できる。例えば、後述（169頁）する「原状回復をめぐるトラブルとガイドライン」は、賃貸住宅の退去時における原状回復という賃貸人と賃借人間の民々の問題について、国において、原状回復の費用負担のあり方について妥当と考えられる一般的な基準をガイドラインとして取りまとめ、一般に活用されるよう周知しているものであるが、このような原状回復の問題は、本来は、当事者間の話し合いで解決したり、それが困難な場合は民事訴訟によることが基本であるところ、トラブルが多いという社会的問題も踏まえ、また賃貸人と賃借人の間で（民事法のルールの知識の）情報格差がトラブルの一因でもあると考えられることから、トラブルの未然防止や円滑な解決のために、誘導手法のうちの情報提供として行われているものであり、民事法を補完する機能を有するものと考えられる。

一歩先へ

上述のように、宅地建物の販売においては、免許制がとられ、営業の規制が行われているが、不動産業全般について、このような規制が行われているものではない。

宅地建物取引業法では、宅地建物の売買や、その売買を仲介する業者等については、免許の取得を必要とする規制がされているが、他方で、建物の賃貸を行う業者（アパートの大家等）や、建物の賃

貸の管理を行う業者（アパートの管理業者等）については、宅地建物取引業法の規制の対象とされておらず、営業を行う上で免許等を必要としない。

このように、同じ不動産業でも、消費者保護の必要性の観点から見て、規制の対象とされたり、対象とされないものもあり、行政活動（公共政策）の対応に違いが生じているのである。

ただ、後者のような場合も、消費者保護の必要性が全くないとはいえないことから、法律による営業規制はされていないが、任意の登録制度やガイドラインによる業務関係の指針を示すなど、行政活動（公共政策）の対象とはされており、行政法だけではない行政活動（公共政策）をも広く検討していく必要があるものである。

● 参考

阿部泰隆『行政法解釈学Ⅰ』（有斐閣　2008）では、行政活動の必要性（存在理由）について、下記を挙げている。
ⅰ）紛争・被害の予防・簡易な解決作用（事前予防行政）
ⅱ）社会の無秩序な発展の抑制・よりよい社会への誘導
ⅲ）生活必需サービス等の直接供給と供給確保
ⅳ）資源の再配分・弱者の保護
ⅴ）その他の管理業務

＜備考＞

行政活動の必要性・役割は上記のとおりであるが、他方で、政府組織のインセンティブの希薄さ・官僚的形式性・非効率性、政治的決定のゆがみ（利益誘導等）、民間市場へのコントロールの限界、政策決定の遅さ等を原因とする「政府の失敗」が生じないように、十分留意する必要がある。

第2節　行政活動の類型
(What?：行政はどのような活動を行っているのか?)

　国・地方公共団体による行政活動（公共政策）は、社会政策、文化政策、教育政策、環境政策、経済政策、産業政策（農業政策、エネルギー政策等）、地域政策（地域整備、地域振興）、さらに国でいうと、外交政策、安全保障政策など、様々な分野にわたるが、ここでは、行政活動を、規制行政と給付行政という類型によりとらえ、その内容を見ていくこととしたい。

ⅰ）規制行政と給付行政の内容

　行政活動を私人に対する関係で見ると、主に規制行政と給付行政という類型に分けることができる。

　規制行政（侵害行政ともいう）は、私人の権利自由に対して制限を加える行政活動の類型である（例えば、営業許可、土地利用規制）。他方、給付行政（サービス行政ともいう）は、私人に対して財、サービス、情報等を給付する行政活動の類型である（例えば、生活保護、水道事業）。

※なお、国・地方公共団体が、自らの事務を処理するために必要な資金、土地等を取得する行政活動である行政資源取得行政（調達行政ともいう）や、規制や給付を通じて間接的に行政の望む方向に私人を誘導することを目的とする誘導行政という類型の分類もある。

ⅱ）政策手法との関係

　この行政活動の類型と、政策手法（45頁以下参照）の関係を見ると、規制行政では規制の手法が、給付行政では直接供給の手法が主に用いられるが、この関係は必ずしも1対1の関係ではなく、例えば、給付行政に分類されると考えられる道路行政、河川行政、公園等の公共施設関係の行政活動においても、道路等の施設の建設などは、直接供給手法によるものであるが、その施設を特定の者に独占的利用を認める占用許可等の事務は規制手法の1つであり、それぞれの行政活動において様々な手法が用いられている場合も多い。また、警察関係の行政は、治安サービスを提供する場

合は直接供給による給付行政の側面を有するが、運転免許等は規制手法による規制行政の側面を有し、行政活動の分野をどのような単位でとらえるかによる。

　この点は、それらの行政分野の関係する法律を見ても同様で、例えば、公園行政に関する基本的な法律である都市公園法（昭和31年法律第79号）では、都市公園の設置に関する規定（設置基準、補助規定等）といった直接供給手法に関連する規定がある一方で、都市公園の管理に関する規定（一定の行為の禁止や許可等）などの規制手法に関連する規定もあわせて定められている。さらに、行政機関の組織に着目しても、公園行政の国における担当部局である国土交通省都市局公園緑地・景観課においては、国営公園の整備や自治体の都市公園の整備への補助金の支給等を行う担当と、都市公園法の管理規定の解釈等を行う担当が、あわせて置かれている（河川行政に関しては第Ⅱ部第5章を参照）。

※なお、付言すると、同公園緑地・景観課では、都市公園法の他に、都市緑地法、生産緑地法、景観法、屋外広告物法、古都における歴史的風土の保存に関する特別措置法などの法律も所管しており、公園行政にあわせて、緑地保全行政や景観行政といった行政分野も担当している（それらを専門的に担当する組織として同課内に緑地環境室、景観・歴史文化環境整備室等が設けられている）。

　ただ、行政活動の様々な分野を、大きくいって規制行政あるいは給付行政としてとらえることは、その分野の業務の内容、性格（規制行政では私人からの申請等を受け、審査を行い、許認可や監督を行うことが大きな業務内容を占め、他方、給付行政は、自ら施設整備・管理を行ったり、サービスの給付を行うことが大きな業務内容を占める）を把握する上で有効な分類であると考えられる。

ⅲ）規制の三面関係

　規制行政に関しては、規制を受ける者との二面関係の構造だけでなく、規制により利益を受ける（受けている）私人が存する場合の三面関係の構造がある場合にも考慮が必要である。

　例えば、廃棄物の処理及び清掃に関する法律（昭和45年法律第137号）では、産業廃棄物処理施設の設置について、設置しようとする者（私人A）

は都道府県知事による許可制を受けなければならないとされているが（同法第15条）、産業廃棄物処理施設の設置・維持管理の計画が周辺地域の生活環境の保全について適正な配慮がなされたものでない場合は、都道府県知事は許可をしてはならないとされており（同法第15条の2）、仮に、周辺地域の生活環境の保全について適正な配慮がなされていないのに産業廃棄物処理施設の許可がされた場合は、周辺住民（私人B）は都道府県に対し違法な許可決定の取消しを求めることができる。

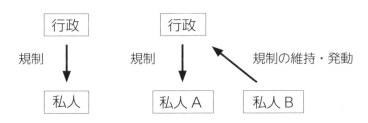

> ＜備考＞
> ### 行政活動の主体との関係（国と地方公共団体）
> 　規制行政と給付行政の関係で、留意が必要と思われる点を補足する。
> 　前述のように、規制行政、給付行政の分類は、私人との関係に着目したものであり、私人と直接に対応するのは、地方公共団体が多い。例えば、公園行政の関係で見ると、（国営公園は別として）都市公園を設置・管理する行政主体は地方公共団体である。例えば、東京都内にある都市公園は（昭和記念公園等の2か所の国営公園は別として）、都立公園（葛西臨海公園、代々木公園など約80か所）は東京都が、区市町村立公園（例えば、さくらで有名な北区の飛鳥山公園など約7800か所）は区市町村が設置・管理し、住民等が利用できるように供用しており、東京都あるいは区市町村が給付行政の主体であることは理解しやすい。
> 　他方で、国における担当部局である国土交通省都市局公園緑地・景観課が行っている公園行政の業務は（国営公園の設置・運営は別として）地方公共団体に対する都市公園の整備への補助金の支給や、地方公共団体からの都市公園法の解釈等の問い合わせへの対応等、地方公共団体を相手とするものが多く、住民等私人に対して直接に対応することは必ずしも多くない（住民等から国に直接に都立公園等に関する問い合わせ、苦情等がなさ

れることも当然あるが)。しかしながら、これら国が行っている行政活動も公園行政という給付行政の一環として行われるものとして理解すべきものである。

> ● **参考**
>
> 　行政活動（公共政策）の類型としては、様々な分類の仕方があるが、上記に加え、他の一例を下記に紹介する。
> 　①分配（distributive）政策　（公共財の供給、補助金等）
> 　②規制（regulatory）政策
> 　　・競争的規制政策（業の許可等）
> 　　・保護的規制政策（公害規制等）
> 　③再分配（re-distributive）政策　（累進課税、社会保障制度等）
> 　④構成的政策（constitutional）政策　（行政改革、地方分権等。「制度インフラ」）

第3節　行政活動の運営
（How?：行政活動はどのように行われているのか?）

　本節では、行政活動がどのように行われているかについて、以下の3つの側面から見ていきたい。

　すなわち、①行政活動（公共政策）の過程（政策がどのように形成され、実施されていくか）、②行政活動の政策手法（行政が公共的問題を解決するために、どのような手法が用いられるか）、③行政活動の原理・原則（行政はどのような原理・原則に基づき運営されるべきか、あるいは運営されているか）である。

　あわせて、行政活動を行う上で従うべきルールを定めた行政通則法について説明する。

1　行政活動（公共政策）の過程

　行政活動の過程、すなわち、公共政策の過程には、大きくいって、政策を立案・決定する政策形成過程と、決定された政策を実施（執行）する政策実施過程に分けることができる。また、最近では、形成・実施されている政策の効果を評価し、必要に応じ政策の見直し・変更を行う政策評価も重要となっている。政策形成に関しては、特に立法に関して第2章で、政策立案の具体的な方法に関しては第3章で取り上げることとしているので、ここでは、政策形成については全般的な事項（加えて個別事項として特に予算の形成、さらに公共政策学等の知見）を説明し、政策実施と政策評価について詳しめに説明することとしたい。

　ここで留意すべきは、それらに関する主体の点で、政策形成主体と政策実施主体は異なるものとなる場合が多いという点であり、他方で、それらは密接不可分・同時進行的なものであり、有機的・一体的にとらえていく必要があるという点である。換言すると、決定された政策を、政策形成主体と異なる政策実施主体が実施する場合においても、当然に政策形成された趣旨・目的を踏まえた政策の実施が必要であり、あわせて、政策実施過

程において政策形成過程で想定されていたものと異なる事態、問題などが生じた場合は、それらを政策実施主体より政策形成主体にフィードバックする等の連携の下で、適宜、政策の見直し・変更が行われるようにする必要があるということである。これらの点については、政策実施、政策評価の項で見ていくこととしたい。

> ● 参考
>
> 　公共政策学などの分野では、政策研究の領域は、㋐実体的政策問題の研究（個別具体の政策の問題と解決の研究）、㋑政策プロセスの研究（政策決定がどのような者により、どのような影響力の作用の下で、どのように行われたかの研究）の2つに大別されている。前者は、個別政策の立案、有効性検証、見直し等に関係し、後者は政策形成における政官の関係、政府組織論（官邸機能強化、府省再編等）、官僚制論などに関係するものである。ただ、政策プロセスに関する知識は、上記のような全般的な政策形成システムの構築（変更）に有用であるというだけでなく、個別の政策形成においても、立案した政策を決定までこぎ着けるための（政策の実現可能性も）検討・調整する上でも重要である（例えば、政策決定に影響力を有し、了解を得る必要があるのは誰か、その者の了解を得るには政策立案において何を検討し、政策形成過程においてどのようなプロセスを経ていく必要があるか等を理解する等）。すなわち、政策形成においては、個別政策の実体的内容の検討に加え、政策プロセスについての理解も重要となる（その点で、本書では、第2章において立法の政策プロセスを取り上げる）。

（1）政策形成

ⅰ）公共政策の内容

ア　政策の構成要素

　公共政策の内容は、（上述したように）大きくいうと、公共政策の目的と、その目的を達成するための手段（政策の内容）で構成されるが、後者については、公共政策の主体、対象、手法等の要素があり、また、関連して権限、財源等の行政資源（逆の意味では制約要素）があり、それらを検討した上で、政策案を作成する必要がある。

イ　政策の形式

　　公共政策の形式としては、一般的に法令、予算、計画等が挙げられるが、相互にそれぞれに関連する場合も多く（予算関連法のように予算と一体となった法律、法律に基づく計画、予算執行の前提となる計画等）、また、それ以外の様々な形式（補助制度（予算が前提）、ガイドライン（誘導手法）等）もあり、下記２の政策手法の項で個別に見ていくこととしたい。

ウ　政策の新・既存の別

　　新規の政策を立案するのか、既存の政策を見直した上で修正変更していくのかで、検討作業が質的にも量的にも異なる場合が多く、検討体制、スケジュール等についても留意が必要となる。

エ　政策の類型

　　政策（広義）を、政策（policy）、施策（program）、事業（project）の概念で整理することも多い。例えば、国の「政策評価の実施に関するガイドライン」（平成17年）においては、次のように規定されている。

- 「政策（狭義）」：特定の行政課題に対応するための基本的な方針の実現を目的とする行政活動の大きなまとまり
- 「施策」：上記の「基本的な方針」に基づく具体的な方針の実現を目的とする行政活動のまとまりであり、「政策（狭義）」を実現するための具体的な方策や対策ととらえられるもの
- 「事務事業」：上記の「具体的な方策や対策」を具現化するための個々の行政手段としての事務及び事業であり、行政活動の基礎的な単位となるもの

　　ただし、同ガイドラインでも述べられているように、この区分は、相対的・理念的なもので、現実の政策の態様は多様であることから、この３つの区分に明確に分けることが困難なこともある。

ⅱ）政策形成のプロセス

　　政策形成のプロセスは、一般的に次のように整理されている。

①政策課題の発見・設定（アジェンダ設定）（agenda setting）
　②政策立案（policy making）
　③政策決定（policy decision）

　①は、民間部門では解決できない「公共的問題」であることを確認した上で、行政により対応すべき政策課題として位置付けるものである。ここにおいては、問題の切迫状況、関係者からの政策ニーズ・要請等の状況、行政組織が置かれている行政資源（人員、財源等）状況等も踏まえ、優先順位を踏まえて課題設定が行われる場合も多い。

　②は、政策課題を解決するための政策案を立案するものであり、詳細は第3章で述べるが、課題が生じている原因等の分析、政策案の内容の有効性（実際のニーズに基づいているか等）、実現可能性（関係者の理解等が得られるか等）などの検討が重要である。

　③は、立案した政策案について関係者（行政組織内、あるいは組織外の関係者等）と利害調整、了解（典型的なものであれば政府が作成した法律案・予算案についての国会の議決）等を経た上、政策を決定するものである。

　ただし、このプロセスは、単純に一方的に順次進むわけでなく、また明確に区分できない場合も多く、様々な検討作業が連続的に行われ、相互に往復的に行われることも多い。すなわち、設定した政策課題に対する政策案を立案するために詳細な検討を進めると、それが行政で対応する必要がない課題であることが判明したり（公共的問題でない）、異なる政策課題であることが判明したり（あるいはさらに追加的な政策課題もあることが判明したり）することもあり、そのような政策課題に応じた政策立案の検討に方針変更する必要があることもある。また、立案した政策案が、政策決定プロセスにおいて、関係者の理解が得られず、政策案を変更したり、場合によっては政策案を政策立案をあきらめたりする（あるいは時期等を見て再度提案する）決断をする必要が生じることもある。このような場合にも、新たなアイデアを出したり、様々な方法での調整を行うなど試行錯誤しつつ、政策決定に向けた検討・調整を進めることが必要となる。

＜備考①＞
　政策形成に関しては、公共政策学あるいは政策科学の分野において、政

策決定に関わる現実の要因や事象間の諸関係について研究・説明する、政策決定の理論的モデルが研究されている。実際の政策立案において、どのような要因等が政策決定に影響してくるか等を理解した上で行うことも重要であるので、以下では、いくつかのモデル（※）について、その概要を説明するとともに、それらから、行政活動を行う上で示唆となり参考となると筆者なりに考えられる点を指摘することとしたい。

(＊他にも、プロセス論モデル、（純粋）合理的モデル、混合スキャニング・モデル、公共選択モデル、ゲーム理論モデル、システム論モデルなど様々なものがある。また、アリソンの3つのモデルや、ネルソンの3つのモデルなども政策プロセスに関する研究として有名である。)

ア　制度論モデル

　　政府諸機関の制度的仕組み・行動パターンが、政策内容にどのように影響するか等、制度と政策の関係を（政策は制度からのアウトプットとしてとらえ）研究する。

　　公共政策を立案・実施する上で、自らの属する組織の行動ルールやそれにより身についた行動パターン（悪い点では、タコ壺ルール、ワク思考、組織内だけで通用する文脈的スキル等）が、新たな課題や社会・時代の変化に対応できていないものになっていないか等を日頃から問い直した上で行政活動を行うよう心掛ける必要があることを認識させるものである。

イ　増分主義（incrementalism）モデル〔合理的モデルへの批判としてリンドブロムが唱えた〕

　　公共政策は基本的には過去の政策の延長であり、修正は模索（muddling through）的に進行し、過去のものの付随的・増分的なものにとどまるとする。

　　このモデルに関しては、既存の政策を原則的に是とする保守的偏向があるという批判もあるが（Y.ドロア等）、既存の政策に関して実施現場等で生じた課題に対応して、当該政策の運用見直しや制度変更による改善策を取ることは現実的・安定的な対応であるともいえ、少なくとも既存の政策を全く変更しないで現状維持の対応をしたり、逆に既存の政策をベースとした検討を全くすることなく目新しい（現場ニーズに基づかない荒唐無稽な）政策を検討するよりも望ましいと思われる。ただし、場当たり的・いたちごっこ的な対応になることなく、また、抜本改正が必要な場合にも既存の政策を所与のものとした付け焼刃的・その場しのぎ的な対応にとどまることのないよう留意する必要がある。さらに、増分主義モデルは、基本的に既存政策を前提としたその変更

という面が強いが、新規政策を考える上でも、当該分野の既存政策での対応を検討した上で、それらの政策では対応しきれない課題について、その改善のための新規政策の形成というプロセスが現実的で地に足がついたものであり、その点でも示唆・参考となるものであるといえる。

ウ　ゴミ箱モデル　〔マーチ、コーエン、オルセンが提唱した〕

組織における意思決定は、「参加者」によって様々な種類の「問題」と「解」が「選択機会」というゴミ箱に投げ込まれ、意思決定機会が満ちたときに結果として意思決定が行われる、すなわち、4つの要素が偶然に結びついた「あいまい性」の下で行われる結果でしかなく、見逃しや先送りによる意思決定も多く、誰が選択機会に参加するかで解決策が変わったり、解決策が先にあって問題が設定される場合もある等、合理的な意思決定はできないというモデルである。

政策を立案・決定する上で、合理的な政策決定の難しさが認識できるとともに、逆に、組織的で適切な体制で検討すること、答えが先にありき、あるいは予算が先にありき、のアリバイ作り的な政策決定（手続）は適当でないことを認識させるものである。

＜備考②＞

アジェンダ設定に関する研究である「政策の窓モデル」（キングダンが提唱した）について、その概要を説明するとともに、そこから、行政活動を行う上で示唆となり参考となると筆者なりに考えられる点を指摘することとしたい。

同モデルは、ゴミ箱モデルをベースに政府の政策決定について分析したものであり、「問題の流れ」、「政策案の流れ」、「政治の流れ」といった3つの個別の流れが合流したとき、それが政策決定者にアジェンダとして認識され、政策決定がされる（「政策の窓（policy window）が開く」）というモデルである。

立案した法律案が国会で議決されず廃案になったり、検討・立案しておいた法律案を政治の動きの中で実現するタイミングを見計らって国会に提出したり、逆に、ある政策について政治的な動きで策定の圧力が急速に高まったが政策案がその時点で検討されておらず、急遽、突貫工事的に検討を行う事態になったりと、政策案の日頃からの検討準備と、それを実現するタイミングの判断等、参考になるところである。

※アジェンダ設定に関しては、「非決定権力」(ある問題が課題になる以前に、それを隠蔽するために働く力)という概念も提唱され(バカラック、バラツ)、そこでは、設定された課題が、実は重要な争点ではなく、それを隠蔽するために大したことのない安全な争点が設定されている場合があることが指摘されている。

ⅲ) 予算の形成過程

具体の政策の形成過程として、法令については、第2章で見ることとしたいので、ここではその他の政策のうちで重要な予算の政策形成過程について見ていく。

ア　国の予算

国の予算は、一般的には、以下のようなスケジュールで進められる。

①各府省より概算要求基準(シーリング)にそって財務省へ予算要求(概算要求)【8月中】

②財務省において各府省へのヒアリング、査定等により政府案をまとめ閣議決定し【12月中】、国会に提出【1月】

③国会において審議・議決し、予算成立【3月中】

ただし、諸事情により3月中に予算が成立しない場合は、暫定予算が組まれる。また、年度途中に追加的な予算が必要になった場合等は、補正予算が組まれる。

下記に、一般的な事例と暫定予算の事例を挙げておく。

【平成21年度当初予算】

　　概算要求基準閣議了解（平成20年7月29日）
　　各省庁の予算要求（概算要求）（平成20年8月末）
　　政府案閣議決定（平成20年12月24日）
　　政府案国会提出（平成21年1月19日）
　　政府案国会審議開始（平成21年1月28日）
　　予算成立（平成21年3月27日）

【平成25年度当初予算】

　　〔概算要求組替え基準閣議決定（平成24年8月17日）

　　　　　　各省各庁の概算要求（平成24年9月12日）〕
　　　　　各省各庁の概算要求の入れ替え要求（平成25年1月16日）
　　　　　政府案閣議決定（平成25年1月29日）
　　　　　政府案国会提出、審議開始（平成25年2月28日）
　　　　〔暫定予算関係
　　　　　　暫定予算案閣議決定、国会提出（平成25年3月27日）
　　　　　　暫定予算成立（平成25年3月29日）　　〕
　　　　　予算成立（平成25年5月15日）
　イ　自治体の予算
　　　自治体の予算のスケジュールについて、名古屋市の例を挙げておく。
　　（出典：名古屋市HP）
　　【平成22年度当初予算編成スケジュール】
　　　　【10月中旬】　　・予算編成方針
　　　　　　　　　　　・収支見通し（一般会計）
　　　　　　　　　　　・収支不足への取組み
　　　　【11月上旬】　　・予算要求書の提出
　　　　【1月中旬】　　・平成22年度予算の公表
　　　　　　　　　　　・パブリックヒアリング
　　　　　　　　　　　（市長による市民からの意見聴取）
　　　　【1月中下旬】　・市長査定
　　　　【2月中旬】　　・2月定例会（会期：2月19日～3月24日）
　　　　　　　　　　　・当初予算案の審議
　　　　【3月下旬】　　　・当初予算の成立

（2）政策実施

ⅰ）政策実施の重要性

　　形成された政策が効果を発揮するには、政策実施主体の適切な政策の実施が重要である。どんなによい政策が形成されても、それが期待されたように実施されなければ、当初予定の成果を生じさせない「絵に描いた餅」

になってしまう。規制にせよ、財・サービスの供給にせよ、私人等が行政活動による規制や便益を直接に受ける場面はこの政策実施の段階であり、この政策実施が適切に行われなければ、行政活動（公共政策）の役割・機能が発揮されず、行政活動・行政主体に対する評価にも大きく影響する。

　また、どんなに周到に形成された政策でも、社会・時代の変化等により、決定当初には想定されていなかったような事態等が生じ、それに対応できなくなる場合もあり、このような場合には、政策実施過程において生じた課題を、政策の見直し・変更に向け適切にフィードバックする必要があり、政策形成にとっても政策実施過程（におけるニーズ等の適切な把握）が重要な役割をしめるものである。

ⅱ）実施主体

ア　行政主体

　　政策の実施主体は、国の政策と地方公共団体の（独自の）政策で異なる。

　　後者の地方公共団体が形成した政策は、基本的に当該地方公共団体が実施する（場合によっては地方公共団体の組合が行う場合や、都道府県の政策を市町村が行う場合もある。なお、事務を指定管理者に行わせる場合は別の問題（政策実施上における問題）である）。

　　他方、国の政策については、国自身が実施する場合（国道等直轄事業の実施・管理など）もあるが、地方公共団体が法定受託事務として行う場合も多い。

　　この場合、国による政策の目的・内容の周知や、地方公共団体からの実施過程により生じた課題の国へのフィードバック等、国と地方公共団体間の適切な連携により、政策により期待される効果を十分発揮できるようにする必要がある。

　　なお、国自身が実施する場合も、政策立案等を行った部局（本省）と、政策を実施する部局（地方支分部局等）が異なる場合も多く、その場合に、上記と同様のことがいえる。

イ　職員（第一線職員）

　　また、政策により期待される効果を十分発揮するようにするために

は、政策を実際に現場で実施する行政主体の職員（公務員）の役割が大きく、それらの職員が政策の目的、政策の手法（規制等）等の政策内容を十分理解し、適正な手続等も踏みながら、適切かつ有効な政策の実施をする必要がある。そのため、それら職員への制度の目的・趣旨、制度内容などの周知、研修等も重要である。

ⅲ）実施内容

ここでは、主に政策の形式あるいは手法ごとに、政策実施の活動内容の概要を見る。なお、政策実施の具体的内容については、第Ⅱ部において、各種政策の実施過程を詳しく見ていくこととしたい。

ア　法律・条例の実施（法令の運用・解釈）

ここでは、法律・条例の所管部局の実施内容を見てみる（例えば、規制法であれば、都道府県が許可等の事務を行うが、その意味の実施ではなく（それは下記イで見る）、いわゆる法令の運用・解釈の内容を見ることとしたい）。

法律・条例の制定当初においては、法律・条例の施行に向け、関連する政省令・規則の制定、通知・ガイドライン等の作成を行うとともに、政策の実施機関や、政策の対象となる者（規制を受ける者、補助金交付の対象者等）に対する政策（制度）の周知普及を行う。

その後、日常的（ルーティン）には法令の解釈、照会対応等を行い、また、実施状況等の把握なども行いながら、必要に応じて運用改善・見直し・改正の検討や準備を行う。また、法律関係で訴訟が提起された場合は、それへの対応も行う。

イ　事務・事業の実施（執行・運用）

＜規制＞

例えば許認可の場合は、許認可の申請に対する受理・審査・決定等の事務を行うとともに、許認可された内容（行為、事業等）について違反がないかどうか等のチェックを行い、違反があった場合には違反者への監督処分（是正命令、許認可取消し等）等を行う。また、禁止の場合も違反行為の取締り等を行う。

<直接供給>

　財・サービスの供給を行う。警察、消防、国防等のサービスでは直接に供給を行い、道路等の公共財の提供については、その施設の建設事業等を行う（実際に建設工事を行うのは建設会社等であるので、その工事の発注・監理等を行う）とともに完成した施設の運用管理を行う。なお、公共事業の実施例として、第Ⅱ部第5章3（200頁以降）も参照されたい。

<誘導>

　例えば、補助金制度であれば、補助金についての周知活動を行い、補助金申請の受理・審査・交付決定等を行う（必要に応じて会計検査対応等も行う）。また、ガイドラインであれば、同様に周知活動を行い、ガイドラインの解釈・運用、照会対応等を行う。

ⅳ）実施と行政裁量

　ここでは、政策実施の段階における行政活動において広く認められ、また問題となることも多く留意が必要な行政活動における行政裁量を取り上げる。

ア　行政裁量の意味

　「法律による行政の原理」の下、行政活動については法律でルールを定めておくことが必要であるが、ありとあらゆることを事前に予測し、それを法令（行政立法も含め）で詳細に規定することは実際問題として不可能であり、また、緊急時に臨機応変な対応ができなくなるおそれがある。さらに、個別事案において複雑な利害が衝突するような場面では、事案の状況に応じた行政による利益衡量の判断に委ねたり、科学技術政策、外交政策等において行政の専門的判断に委ねることが適当な場合もある。そのため、法律で一定程度のルールを定め、その範囲内で行政活動に判断・行為決定を委ねることが必要・重要となり、これが行政裁量である。

　このように行政裁量が全く認められないと、融通の利かないお役所仕事になってしまうが、他方で、行政裁量を広く認めすぎると、恣意

的な行政に陥ってしまう危険があり、行政裁量をどこまで認めるかが重要な点となる。以下、行政裁量の内容を見た上で、その統制について見ていくこととしよう。

イ　行政裁量の種類等

㋐行政活動の種類に応じた行政裁量

　　行政裁量は、行政活動の各段階において認められる。〔下記の行為形式については 12 頁参照〕

　　行政立法では、法規命令は法律の委任の範囲内で、行政規則は基本的には行政機関の裁量に委ねられる。行政契約についても、法律の特別の規定等に反しない限り原則として自由に締結できる。行政指導についても、行政手続法や個別法律規定に反しない限り、（相手の同意を得て）自由に行うことができる。他方で、行政行為については、法律による行政の原理の下で、より厳格にとらえられる。以下、主に行政行為に関する行政裁量を中心に見ていく。

㋑要件裁量と効果裁量

　　要件裁量とは、法律で定められた権限発動の要件認定において行政に認められる裁量であり、効果裁量とは法律で定められた権限発動の仕方（権限を発動するか否か、どのような形で発動するか等）において行政に認められる裁量である。

　　例えば、都市公園法においては、都市公園にテント等の工作物を設置する場合には、公園管理者の占用許可を受ける必要があるが（同法第 6 条）、公園管理者は、当該工作物が「都市公園の占用が公衆のその利用に著しい支障を及ぼさず、かつ、必要やむを得ないと認められる……場合に限り、……許可を与えることができる」と規定されており（同法第 7 条）、「占用が公衆のその利用に著しい支障を及ぼさず、かつ、必要やむを得ないと認められる」判断において要件裁量が、「許可を与えることができる」という点で効果裁量が認められている。

　　※より細かく分類すると、事実認定における裁量、法律要件の解釈・当てはめにおける裁量（要件裁量）、手続の選択における裁量、行為の選択における裁量（効果裁量）があるとされている（さらに（いつ行為をするのか）ときの裁量を加える場合もある）。

㋒不作為と行政裁量

　法令上の要件を充たしているにもかかわらず、行政庁が権限を行使しない場合に、不作為の裁量が問題になることがある。従来から、申請に対する利益処分において、要件を充たしているのに利益処分をしない場合において問題になってきたが、最近では、特に、規制行政の分野において利益を受ける（受けている）私人が存する場合の三面関係の構造（22頁参照）がある場合において、行政庁が規制権限を行使しない場合において、当該不作為が問題となることが多い（その対応については下記ウ③参照）。

ウ　行政裁量の統制

①法令による統制

　法令（法律・条例やそれに基づく行政立法を含む）による要件規定、効果規定等（手続規定も含む）の規律密度により、行政裁量をどの程度認めるかが統制される。全くの白紙委任は認められない。

②行政手続法による統制

　行政手続法による処分の審査基準・処分基準の作成（同法第5条・第12条）は、適正な裁量権行使を担保するための行政裁量への事前統制といえる（60頁参照）。

③裁判による事後統制

　行政事件訴訟法第30条では、「行政庁の裁量処分については、裁量権の範囲をこえ又はその濫用があつた場合に限り、裁判所は、その処分を取り消すことができる。」と規定され、行政の裁量権がある場合は、裁量権の逸脱・濫用があった場合に（限り）、裁判所の審査対象となり、処分が取り消されることとされている。また、不作為についても義務付けの訴え（同法第3条第6項）等が認められている。

　ここで、裁量権の逸脱・濫用があった場合とは、伝統的に、次のような場合が主に該当するとされている（古典的基準による審査、社会観念審査等といわれている。㋒㋓㋔については58頁・59頁参照）。

　㋐事実誤認（裁量行使の前提となる事実認定の重要部分に誤りがある場合）

　㋑目的・動機違反（権限濫用など裁量行使の目的が法令の趣旨目的と

整合しない場合）
　ⓒ信義誠実の原則〔信頼保護の原則〕違反（合理的理由なく従前の行
　　政活動を変更し私人の信頼を破る場合）
　ⓓ平等原則違反（合理的理由なく差別的取扱いを行っている場合）
　ⓔ比例原則違反（目的と手段の均衡を欠く場合）
　さらに、手続的審査といわれる、手続的な瑕疵（理由提示義務違反等）のみを理由に（実体面の判断を行わず）裁量の逸脱・濫用を認めて処分を取り消す手法^(※1)や、最近では、（実質的）判断過程審査といわれる、裁判所が第三者的立場で、行政の判断過程の合理性を審査する手法^(※2)による判断も行われている。

> ※1　例えば、個人タクシー事件最高裁判決（最判昭46.10.28民集25巻7号1037頁）では、タクシー事業の免許（当時）に関して「行政庁としては、事実の認定につき行政庁の独断を疑うことがもっともと認められるような不公正な手続をとってはならない」としている。
>
> ※2　例えば、小田急高架訴訟最高裁判決（最判平18.11.2判時1953号3頁）では、「基礎とされた重要な事実に誤認があること等により重要な事実の基礎を欠くこととなる場合、又は、事実に対する評価が明らかに合理性を欠くこと、判断の過程において考慮すべき事情を考慮しないこと等によりその内容が社会通念に照らし著しく妥当性を欠くものと認められる場合」に裁量権の逸脱・濫用に当たるとしている。

＜備考＞
なお裁量権の逸脱・濫用があった場合に、国家賠償の対象にもなり得る。

　このように、行政活動を行う上で、裁量行為については、裁判で違法とされる場合もあり、留意が必要であるが、それ以前に、行政活動の相手方に良好なサービス提供を行い、不都合な不利益を与えないためにも、適切な裁量権の行使による適切な行政活動を行うよう日頃から心がける必要がある。

● 参考
　本書では立ち入っていないが、政策実施過程の実態の分析も行政活動の内容を知る上で重要である。例えば、北村喜宣『行政執行過程と自治体』（日

本評論社 1997）では、規制行政における執行過程（行政が規制法の違反を発見し、それに対処するプロセス）について、水質汚濁防止法、廃棄物処理法、消防法の事例を取り上げて、その実態を明らかにしている。

● **参考**

　政策形成と政策実施の関係について、J. プレスマンと A. ウィルダフスキーによる『実施─ワシントンにおける大きな期待がどのようにしてオークランドで打ち砕かれたか─』（1973）は、連邦政府レベルで決定された政策（貧困対策プログラム）が、実施機関において目的のとらえ方、実施方法、とりまく環境などで大きなギャップが生じ、形成された政策が、必ずしも所期の目的どおりに実施されないこと、いわゆる「実施のギャップ」が生じることを明らかにした政策実施論の初期の代表的成果である。〔政策が政策決定者の意図どおりに実施されているかを検証・分析する規範的・行政管理的アプローチであるトップダウン・アプローチの1つ〕

　また、M. リプスキーの『ストリートレベルの官僚制─公共サービスにおける職員のディレンマ』（1980）は、教師、警察官、福祉ケースワーカー等は、政策実施過程において大きな裁量権限を有しており、ある意味、政策の形成者であり決定者となることを明らかにしている。〔政策が多数の異なる組織間・アクター間で相互依存的に、また決定から実施まで連続的につながって形成されるという行為中心的アプローチであるボトムアップ・アプローチの1つ〕

（3）政策評価

ⅰ）政策評価の意義、経緯等

　政策評価とは、政策の効果を把握・分析し、評価を行うことにより、次の企画立案や実施に役立てるものである。

　政策評価は、政策に関するマネジメント・サイクルである PDS サイクル（Plan（企画立案）、Do（実施）、See（評価））における See（評価）、あるいは PDCA サイクル（Plan、Do、Check（評価）、Action（企画立案への反映））における Check（評価）、Action（企画立案への反映）を行うものであり、従来、法律制定、予算獲得等の政策形成に重点が置かれてきた行政活動において、近年、政策の効果やその後の社会経済情勢の変

化に基づき政策を積極的に見直すといった評価機能を充実する方向となっている。

　この政策評価は、我が国においては、地方公共団体において取組みが始まり（三重県での事務事業評価システム導入（1996年）、宮城県での政策評価条例制定（2001年12月）等）、国においては「行政機関が行う政策の評価に関する法律」（2001（平成13）年6月制定、2002（平成14）年4月施行）に基づき取り組まれている。

ⅱ）行政機関が行う政策の評価に関する法律（平成13年法律第86号）

　国における政策評価は、「行政機関が行う政策の評価に関する法律」、同法による「政策評価に関する基本方針」、「政策評価の実施に関するガイドライン」に基づき行われている。

　それらによると、政策評価の実施主体は原則として各府省であり、各府省が中期的な基本計画と1年ごとの事後評価の実施計画を策定した上で、政策評価を実施し、その結果を評価書として作成・公表することとされている（高額の事業等一定の政策は事前評価を実施することとされている）。

　また、政策評価の方式としては、事業評価方式（事業・施策について、決定前に、費用に見合った政策効果が得られるか等を評価）、実績評価方式（政策の決定後に、あらかじめ設定した目標の達成度合いについて評価）、総合評価方式（特定のテーマについて、政策に係る問題点を把握するとともにその原因を分析するなど総合的に評価）がある。

　また、政策評価の観点としては、①必要性（政策効果から見て、政策目的が国民・社会のニーズにあっているか、行政の関与が必要か否か）、②効率性（政策効果と費用の関係が妥当か否か）、③有効性（政策による実際に得られる政策効果が当初の政策効果との関係で妥当か否か）等が挙げられている。

ⅲ）府省における政策評価の例（国土交通省）

ア　国土交通省は、平成14年4月から、政策評価法に基づき、㋐国民本位の効率的な質の高い行政の実現、㋑成果重視の行政の推進、㋒国民に対する説明責任の徹底を目的に、以下の3つの方式の政策評価を基本（①

が中心）として政策評価を実施している。

①政策チェックアップ（実績評価方式）〔事後評価〕
　省の主要な行政目的に係る政策目標、施策目標及び業績指標等をあらかじめ設定し、その業績を測定し、その達成度を評価する。

②政策アセスメント（事業評価方式）〔事前評価〕
　新規に導入しようとする施策等について、必要性、効率性、有効性等の観点から評価する。

③政策レビュー（総合評価方式）〔事後評価〕
　実施中の施策等について、国民の関心の高いテーマ等を選定し、政策の実施とその効果との関連性や外部要因を踏まえた政策の効果等を詳細に分析し、評価を実施する。

　なお、上記3方式に加えて、政策の特性を踏まえ、④個別公共事業評価（事業評価方式）、⑤個別研究開発課題評価（事業評価方式）、⑥規制の事前評価（ＲＩＡ）（事業評価方式）、⑦租税特別措置等に係る政策評価（事業評価方式）も実施している。

　（④は、新規事業の採択時に実施する評価（新規事業採択時評価）、事業採択後一定期間を経過した後も未着工である事業及び事業採択後長期間が経過している事業等について実施する評価（再評価）、及び事業完了後に実施する評価（完了後の事後評価）を実施するものである。）

イ　具体的には、

　①に関しては、3分野（「暮らし・環境」、「安全」、「活力」）－13政策目標－44施策目標を定め、施策目標の下に業績指標を設定して評価を行っている。

　（例：〔分野〕暮らし・環境
　　〔政策目標〕良好な生活環境・自然環境の形成・バリアフリー社会の実現
　　〔施策目標〕総合的なバリアフリー化を推進する
　　〔業績指標〕公共施設等のバリアフリー化率（特定道路におけるバリアフリー化率、段差解消をした旅客施設の割合、障害者対応型便所を設置した旅客施設の割合等）

②に関しては、平成27年度予算概算要求等に当たって36件の施策（地域型住宅グリーン化事業の創設、密集市街地総合防災事業の創設等）について評価を行った。

③に関しては、平成25年度には、不動産投資市場の条件整備等、3つのテーマで評価を行った。

ⅳ）地方公共団体における政策評価の例（浜松市における政策・事業評価）

浜松市においては、限られた経営資源を最大限有効活用し、より効率的な行政運営を図るため、すべての事務事業を対象に政策・事業評価を実施している。

ア　評価の概要

㋐評価の方法

事業目的、事業内容、コスト、成果・効果の4点を、下記の視点で評価している。

①そもそも事業は政策の実現に必要か

②市がやらなければならないことか

③資源（人、モノ）を集中すべき事業か

④改善によって、成果の向上やコスト削減が図れないか

㋑評価の基準

「終了」、「廃止」、「改善」、「継続」を判断する。

㋒評価の流れ

①1次評価〔事業担当課による自己評価〕

②2次評価〔市の組織横断プロジェクトチームで選定〕

③外部評価〔市民生活に影響の高い事業を第三者評価〕

イ　平成24年度政策・事業評価の例

①1次評価（945事業）（終了1、廃止86、改善441、現状411）

②2次評価（126事業）

③外部評価（40事業）

● **参考**

浜松市における政策・事業評価（１次評価）　　（出典：浜松市HP）

ごみ減量・リサイクル推進事業の事業評価シート（抜粋）

◆ **評価（平成24年度事業の評価）**

(1) 必要性：　　継続

（廃止した場合に考えられる影響）
- ごみ減量、リサイクルに対して、以前から市民との協働で実施してきており、意識啓発の効果も見込まれる。
- 政策目的がごみ減量・リサイクルの推進であり、可燃ごみの減量手法として必要である。
- ごみ処理経費節減のため、ごみの減量とリサイクルを推進する必要があるため。

(2) 責任主体：　　市

（市が実施しない場合に考えられる影響）
- 廃棄物の収集及び処理については、廃棄物の処理及び清掃に関する法律により、実施主体は市である。
- 収集、処理する前のごみ発生抑制は市民協働の形が望ましい。市はごみ減量へ向けてのサポートが必要である。

(3) 拡大・縮小：　拡大

（理由）
　環境部の戦略計画において重点事業として位置づけており、ごみから資源物としてリサイクルすることにより、可燃・不燃ごみの減量につながるため成果が期待できる事業である。

(4) 改善：　　改善あり

（理由）
- ごみ減量アクションプランの達成に向けて推進しなければならない。
- リサイクル回収拠点について北清掃事業所において古着類と紙類について回収し、売却する事業を開始する。

今後の方向性　　改善（その他）
- 市施設でのリサイクル拠点回収を増設する。
- 事業者による資源物回収を市民に利用啓発するため、市ホームページにて周知していく。

◆ **改革・改善（評価を反映して何を見直したか）**

(1) これまでに実施した改革・改善（平成24年度予算で反映したものを含む）

- 生ごみ堆肥化容器の配布についていつでも希望者に配布できるように、予備を用意した。
- 段ボール式コンポストの普及を推進するため、モデル学校にて実施した。

(2) 今後の改革・改善計画（いつまでに何をどう見直す）
- 全市立幼小中学校の園児・児童・生徒に雑がみ分別袋を配布・回収し、雑がみの分別を推進していく。
- 草木のリサイクルを推進するため、市民が持ち込みやすい常設の回収拠点を整備していく。
- 生ごみの水切りなどの家庭での取組を推進するため、ごみ減量と3Rをテーマに出前講座を実施して、啓発していく。
- 北清掃事業所の古着類と紙類の回収と同様なリサイクル拠点の増設を検討していく。
- 小型家電回収事業について市の事業として継続し、回収拠点の増設を検討していく。

2　行政活動の政策手法

　ここでは、行政活動の政策手法として、規制、直接供給、誘導の３つの政策手法から説明していく。

　行政活動の運営方法について、この３つの政策手法という観点に着目して説明するのは、以下の理由による。

①行政活動の活動内容を分類する上で、行政法学では、行政立法、行政行為、行政契約、行政指導などの行政の行為形式に分類したり、あるいは、特に行政行為を命令的行為（下命、禁止、許可等）、形成的行為（特許、認可等）、準法律行為的行為（確認等）に分類したりして、その特性等を分析、説明等しているが、私人に向けて行われる対外的な行政活動（行政作用）を理解する場合には、私人との関係に着目したシンプルな分類（私人に規制手法で働きかけるか、非規制的な誘導手法で働きかけるか、あるいは私人に直接には働きかけず行政自身が財・サービスの供給を行うか）とした方が、より理解しやすいと考えられること。また、行政活動を法令形式の手段だけでなく、予算（融資・税制措置等を含む）やガイドライン策定等を含めて説明する場合にも、例えば、行政法学では、法学という視点から、行政指導等は、行政処分ではない事実行為というような形で整理され対象とはされるが、行政指導、情報提供などの誘導手法も規制・直接供給と並ぶ重要な行政活動の手法であり、行政手法という観点から３つを（ある意味）同等に扱うような整理が理解しやすいと考えられること。
（なお、その３つの手法と上記の行為形式との関係は後述の＜補論＞（55頁）を参照されたい。）

②実際の政策の形成や実施、特に政策の立案の場面においても、私人の権利を侵害する政策か否か（法律・条例の制定が必要となるか否か）、行政自体が直接に財・サービスを供給する政策か否か（供給体制（人員等）や予算が必要か否か）、あるいはそれ以外の政策か（その場合も補助等の予算が必要な政策か否か）が、政策立案・選択の大きなポイントとなることから、その点でも規制、直接供給、誘導という３つ

の手法という観点による分類が有効であると考えられること。

＜政策手法の類型＞

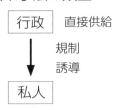

（1）規制

ⅰ）意義等

　私人（住民、企業等）の意思に反しても、一定の行為を行うよう、又は行わないように働きかける権力的な手法である。

　私人の権利自由を制限するものであるため、法律の根拠が必要である（「法律の留保」）。

ⅱ）規制の分類

　ア　社会的規制と経済的規制

　　社会的規制とは、国民の安全・健康や環境保護などの目的で行われる規制であり、他方、経済的規制とは需給調整等の経済的目的で行われる規制である。

　イ　法的行為と事実行為

　　私人の権利を制限したり義務を課す法的行為に加え、身体の自由を制限したり財産権を破壊したりする事実行為もある。

　ウ　内在的制約と政策的制約（特別の犠牲）

　　規制の程度の差による分類で、前者は建築規制（耐震基準等）、都市計画規制（用途規制等）など相互の生命・健康・環境等を保護するために課される規制による財産権等に内在する制約であり、その損害に対して損失補償を行う必要はないとされるものであるが、後者はそれを超えて財産権等に特別な制約を加えるもので、その損害に対しては損失補償を要するとされるものである。

ⅲ）規制の手法内容

ア　下命（禁止）

- 下命は、広義では、私人に対し一定の行為を命ずる行政手法である。また、狭義では、下命は一定の行為を行うこと（作為）を命ずる行政手法をいい、一定の行為を行わないこと（不作為）に命じる行政手法は禁止という。

    ※　なお、一般的に課された作為義務を個別具体的に解除する場合を「免除」、一般的に課された不作為義務を個別具体的に解除する場合を「許可」（下記イ参照）という。

- いずれも、法律・条例によって一律に課されるものと、行政機関が個別具体的に課すものがある。下命における前者の例は、消防用設備等の設置の義務付け、後者の例は消防用設備等に関する消防署長等による措置命令、禁止における前者の例は道路を損傷・汚損する行為の禁止、後者の例は道路工事のための道路管理者による道路の通行の禁止が挙げられる。

イ　許可

- 許可は、私人の活動を一般的に禁止した上で、一定の要件に合致する場合に、禁止を個別具体的に解除する行政手法である。
- 許可の対象は、自然人の行う行為である場合のほか、事業の経営、施設の設置などがあり、また製品等の安全性などを認証して販売等を認めるもの（基準認証）など、様々である。

    ※　実定法上、許可という用語に限らず、免許、承認、登録、確認、認証などの用語で規定される場合も、この許可に当たるものがあり、行政庁の裁量がより限定される程度に応じ、「免許」から「許可」へ（例えば、タクシーの事業について規制緩和により需給調整が廃止され、「免許」から「許可」へ文言が変更になっている）、さらに「登録」「確認」「認証」と区別して使い分けられていると思われるが、過去からの経緯もあり、現行法上、必ずしも厳密に区別されているものとはなっていないのが現状である。

ウ　特許（設権行為）

- 特許（設権行為）は、私人が有していなかった権利・権利能力を付与する行政手法である（設権行為の方が権利性が強いというニュアンスがある）。

- 特許の例としては、公有水面埋立免許、道路の占有許可など、設権行為としては生活保護支給決定などがある。

エ　認可
- 認可は、私人間の法律行為の内容を行政庁が個別に審査し、法律行為の効力を補充して生じさせる行政手法である。例えば、農地の売買契約は農業委員会等の許可（行政法学上の認可）を受けなければ効力を生じないとされている。
- 認可によって、認可時点の当事者以外の者に対する効力（第三者効）を認める場合もある。例えば、土地所有者等で建築物の用途、形態等のルールを定める建築協定の認可がされると、その後に売買等で土地所有者等になった者に対しても、協定の効力があるものとされている。

オ　届出
- 届出は、国民がある行動を取る前又は後に、行政機関への届出を義務付ける行政手法である。前述の許可や認可と異なり、行政庁の審査を要するものではなく、情報提供をさせるためのものであるが、事後に勧告、公表、是正命令等の措置が行われることがある。

カ　即時強制
- 即時強制は、目前急迫の必要があって義務を命じる暇がない場合や、犯罪捜査など義務を命ずることによっては目的を達成しがたい場合に、行政機関が、相手方の義務の不履行を前提とすることなく、身体や財産に直接、実力を行使し、行政上必要な状態を作り出す行政手法である。
- 戦前の行政執行法に一般的規定が置かれていたが、戦中等に濫用されたことから、戦後、同法が廃止され、現在では、警察官職務執行法、消防法など、個別法に限定的に規定されている。

（具体の政策例は、第Ⅱ部第1章、第2章、第4章、第5章（土地、流水の使用の規制（207頁・208頁）、第6章（バリアフリー化の義務付け（214頁））、第7章参照）

ⅳ）規制の実効性確保措置

規制がその実効性を確保するには、当該規制に私人が従わない場合に従

わせるための仕組みが必要である（規制により課された義務の履行を確保するための仕組みという意味で、行政上の義務履行確保措置とも呼ばれている）。そのための措置は、以下のようなものがある。

ア　行政上の強制執行措置

行政機関自らが直接義務者の身体・財産に実力を加え（行政代執行、強制徴収等）又は心理的強制を加える（執行罰）ことによって義務を実現させる措置である。

このうち、行政代執行は、行政代執行法（昭和23年法律第43号）に基づき行われるもので、例えば、違反建築物の除去等を命じられた者が自ら除去等を行わない場合に、行政機関が代わって除去等を行うものである（そのためには、原則として、戒告・通知の事前の手続を必要とし、また、代執行に要した費用は義務者に負担させる）（第Ⅱ部第1章参照）。

イ　行政罰

行政上の義務違反に対して科される制裁であり、行政刑罰（懲役、罰金、科料等）と行政上の秩序罰（過料）（第Ⅱ部第7章参照）がある。行政刑罰（規制違反への是正命令に従わない場合に科する行政処分介在型と規制違反に直接に科される直罰型がある）は（警察等による）刑事訴訟手続によって科されるが、過料は地方公共団体の場合は地方公共団体の長が行政処分によって科すことができる（国の場合は非訟事件手続による）。

ウ　その他

経済的不利益賦課措置（義務違反に対し（罰金とは別に）加算税、反則金等の経済的不利益を課すもの）、制裁的公表（義務違反の事実（違反者の氏名も含む）を公表するもの）、許認可等の取消し等がある。

一歩先へ

規制については、近年、官主導のシステムから脱却し、生活者・消費者本位の経済社会システムの構築と経済の活性化を実現する

ため、次のような視点から、規制改革が進められている。
- 経済的規制は原則廃止、社会的規制は必要最小限との原則の下での規制の抜本的見直し
- 許可制から届出制への移行等、より緩やかな規制への移行
- 規制内容の明確化・簡素化、許認可等の審査における審査基準の明確化、申請書類等の簡素化

なお、規制の見直しに併せて、社会的安定機能(セーフティネット)の確保等を図るとされている。

また、規制の新設に当たっては、原則として一定期間経過後の「見直し条項」を盛り込むこととされ、その必要性が審査されることとなっている。

● 参考

規制の数は、「許認可等の統一的把握の結果について」(平成25年3月 総務省行政評価局)によると、14,579件(平成24年3月31日時点)あり、強い規制(許可、認可、指定等)4,799件、中間の規制(認定、検査、登録等)1,917件、弱い規制(届出、提出、報告等)7,176件等となっている。府省別では、国土交通省(2,631件)、経済産業省(2,348件)、厚生労働省(2,263件)、金融庁(2,054件)、農林水産省(1,571件)等となっている。

(2) 直接供給

i) 意義等

国・地方公共団体が、治安、消防、インフラ等、直接に財やサービスを供給する手法である。

そのため、予算の確保が必要となる。

ii) 直接供給による財・サービスの内容

- 国防、治安、消防等の安全・秩序維持サービスの提供
- 公共用物(河川、道路、公園等)、公共施設〔公共用営造物〕(学校、

保健所、公民館等)、公企業（上下水道、廃棄物処理等）による公共サービスの提供
- 公的扶助（生活保護等）、社会保険（健康保険、国民年金、介護保険等）、公衆衛生、社会福祉等の社会保障サービスの提供　等

　（上の２つは公共財（準公共財）の提供、下は所得再配分として行うものと考えられる。）

(具体の政策例は、第Ⅱ部第３章２(1)、第４章（都市施設整備事業（176頁))、第５章、第６章（道路等のバリアフリー化（215頁))参照)

一歩先へ

　官民の役割分担については、行政改革会議等で検討が進められた結果、中央省庁等改革基本法（平成10年法律第103号）により、国の事務及び事業のうち民間に委ねることが可能なものはできる限り民間に委ねることにより、国の行政組織及び事務・事業を減量し、その運営を効率化するとともに、国が果たす役割を重点化すること（同法第４条第３号）とされており、これに関連して独立行政法人の設置等が行われている。

　また、ＰＦＩ法（民間資金等の活用による公共施設等の整備等の促進に関する法律（平成11年法律第117号))により、民間の資金・経営能力・技術的能力を活用した公共施設等の建設・維持管理・運営を行う仕組みも整備されている。

　地方自治法(第244条の２第３項）では、公の施設の管理を地方公共団体が指定する者（指定管理者）に行わせることができる制度も整備されている。

(3) 誘導その他の手法（以下「誘導」という）

ⅰ) 意義

　ここでは、上記の規制、直接供給以外の行政活動の手法をいうものとす

る。それらには様々なものがあり、主なものを下記に挙げるが、その中心は誘導手法ととらえることができる。誘導手法は、私人（住民、企業等）に何らかのインセンティブ（誘導）を与えることによって、一定の行為を行うよう、又は行わないように働きかける非権力的な手法をいう。

誘導手法については、法律の根拠は基本的には必要ない。また、補助等は直接の予算措置等が必要であるが、情報提供等は通常は直接の予算措置は必要ない。

ⅱ）誘導の主な手法内容

a）経済的誘導

　ア　経済的インセンティブ手法

　　　補助金、融資等（低利融資、利子補給、債務保証など）、税優遇などの経済的なインセンティブ（誘導）を与えて、一定の行為を選択させるように誘導する手法である。

　　　（具体の政策例については、第Ⅱ部第3章2（2）（3）、第4章（都市計画事業の一部（176頁））参照）

　　　※　国・地方公共団体による法人に対する債務保証は、「法人に対する政府の財政援助の制限に関する法律」（昭和21年法律第24号）により、原則的に禁止されている。

　　　※　税優遇手法では、法令で定められた税金の特例を定めるものであるため、法令等の規定が必要で、国税については租税特別措置法で、地方税については地方税法附則により主に特例規定が設けられる。

　イ　経済的ディスインセンティブ手法（経済負荷的手法）

　　　経済的なディスインセンティブ（心理的圧迫）を与えることによって、一定の行動を選択しないように誘導しようとする手法（環境税等）である。

　　　※　新たな税の賦課については、法令の根拠が必要である。

b）非経済的誘導

　ア　情報提供手法、啓発手法

　　　各種の情報の提供・表示（ガイドライン等）、一定の行為の認定等によって、私人を適正な方向へ誘導しようとする手法である。

(具体の政策例は、第Ⅱ部第3章2（4）、第6章（心のバリアフリー推進（215頁）等）、第7章（地域と一体となった取組（232頁））参照）

イ　行政指導手法

　一定の行政目的を実現するため特定の者に一定の作為、不作為を求める誘導、勧告、助言その他の行為によって、特定の者を適正な方向へ誘導しようとする手法である。

　法律・条例に基づいて行われる法定行政指導と、非法定行政指導に分類でき、さらに後者は、法律・条例に行政行為の権限があるがその前段階等で行われる行政指導と、法律・条例上は権限がないのに行われる行政指導（宅地指導要綱等による行政指導）に分けられる。

　行政指導については、行政手続法で手続きルールが定められている（60頁参照）。

ウ　計画手法

　将来の行政目標を設定し、一定のスケジュールの下で、その実現のための方法を示す手法である。

　計画は、期間（長期・短期等）、区域（全国・ブロック・都道府県・市町村等）でも分類できるが、機能・効果に着目してみると、誘導的計画（それに適合する行為に補助金等を給付する計画。給付効計画とも呼ばれる）、指針的計画などに分類できる。

　※　なお、行政計画には、誘導手法ではないが重要な機能を有する拘束的計画（都市計画のように私人に対して規制効果を有するような計画）もある（第Ⅱ部第4章1参照）。

エ　契約的手法

　行政主体等が契約の締結により、一定の行政目的を実現しようとする手法である。

　行政主体が物品の調達などをする際に一般的に利用されるほか、給付行政においても利用されることが多いが（水道行政による給水契約等）、規制行政において用いられることもある（産廃処理の権限を有しない市町村が企業との協定で報告要求権などを有するようにする公害防止協定等）。また、私人間で締結した協定を行政が認可することにより第三者効を与える建築協定等の手法もある。

オ　コミュニケーション手法

上記のものとは少し性格を異にするが、政策への市民の意見を反映等するため近年において用いられている手法として、例えば、以下のようなものがある。
- パブリック・コメント（政策案への意見募集、反映手続き）（60頁参照）
- パブリック・インボルブメント（事業の計画・実施段階での住民参加手法）

● **参考**

阿部泰隆『行政の法システム（上）（下）〔新版〕』（有斐閣　1997）では、行政手法を以下の12に分類し、様々な行政活動の具体的な内容を（批判的観点もまじえ）取り上げている。

1　監督行政のシステム
2　行政のサービス・事業システム
3　土地利用規制の法システム
4　経済的手法
5　情報の収集管理保護システム
6　補助手法
7　行政指導手法
8　情報提供・啓発手法
9　行政上の強制的実現・制裁手法
10　刑事罰
11　行政と民事の諸手法（筆者注：契約手法等が挙げられている）
12　行政上の紛争解決システム

＜補論＞ 行政の行為形式との関係

　上述のように、行政法学では、行政の行為形式を①行政立法（行政基準）（法規命令及び行政規則）、②行政計画、③行政行為、④行政契約、⑤行政指導などに分類することが多いが、本項で記した行政活動の３つの手法との関係を見ておくと、おおむね下記のように整理できると思われる。

　まず、④⑤は、上述のように誘導手法の１つである。

　次に、①のうち、法規命令（国民の権利・義務に関係する内容を規律する行政立法）はその性格上、規制手法に、他の行政規則（国民の権利・義務に関係ない行政内部事項を規律する行政立法）は主に直接供給手法や誘導手法に関係する（規制手法に関する内部規定もあり得る）。

　②の行政計画は、上述のように、誘導的計画と指針的計画は誘導手法に、拘束的計画は規制手法に分類できる。

　最後に、③の行政行為（行政庁が私人に対して直接的に法的効果を発生させる行為）であるが、その行政行為の内容によって、規制手法に当たるもの（許可、認可等）のほか、直接供給に当たるもの（生活保護支給決定等の設権行為等）、誘導手法に当たるもの（建築協定の認可等）もある。

3　行政活動の原理・原則

　行政活動において、遵守あるいは留意すべきとされる原理・原則である。その内容は、主に行政法学において分析されているが、それは、立法に反映された内容や、裁判事例における判例に示された内容が中心となるものである。

　それらの原理・原則は、行政活動全般、すなわち、政策形成、政策実施のいずれの場面にも当てはまり、遵守・留意すべきものとして重要であるので、以下、その内容を見ていくこととしたい。

(1) 法律による行政の原理

ⅰ) 意義

　これは、行政活動が法律に基づき、法律に従って行われなくてはならないという原理である。

　この原理は、沿革的には行政権が国民の権利自由を侵害することを防ぐという近代自由主義の思想から生まれたものであるが、現在の我が国においては、三権分立の原理によるもので、国会が制定した法律により行政活動を規律することを基本とするが、行政活動が法律に違反した場合には裁判によって法律違反が確認等されることも含むものである。

ⅱ) 法律の留保の範囲

　法律による行政の原理の内容として重要なものは、いかなる性質の行政活動について法律の根拠が必要か、という法律の留保の範囲の問題であるが、一般的に（＝行政法学の通説及び行政実務）では、国民の権利を制限し、国民に義務を課する侵害行政についてのみ法律の根拠を要するとされ、それ以外の行政活動には要しないとされている（いわゆる侵害留保説）。

> **一歩先へ**
>
> 　この法律の留保の範囲に関しては、他にも、全部留保説（行政活

動すべてについて法律の根拠を必要とする)、重要事項留保説(国民の基本的人権に関わる重要事項(本質的事項)については法律の根拠を必要とする)など、諸説ある。

　ここでは、それらの説の内容に立ち入るのではなく、実際に法律で定められている事項という実態面・実務面から見てみたい。この点では、西谷剛「政策の立法判断(一・二完)」自治研究71巻11・12号(1995)が参考となり、その概要を以下に紹介する。

　まず、同論文では、法律を必要的立法(ある政策を実現する場合に必ず法律をもってする必要がある場合の立法)と任意的立法(必ずしも法律をもってする必要はないが法律をもってしてもよい場合の立法)に分ける。

　そして、必要的立法としては、㋐その政策の実現が権利義務に関わる場合の立法、㋑その政策実現が既存法律との関係で新たな法律(既存法の改正法を含む)を要する場合(法律で定められた補助率より高い補助率の政策をとろうとする場合等)の立法の2種類に分ける。その上、㋐に関しては、補助金交付、予防接種事故被害者救済給付などの給付分野については、予算措置だけでできるという意味で一般的には必要的立法政策ではないが、仮に予防接種事故被害者救済給付金が確実に被害者に渡るように裁判による強制を伴うものとして構成したい場合(同論文では必要的利益付与と呼ばれている)は必要的立法政策となるとしている。

　また任意的立法としては、給付行政法、公共事業法、計画法、手続法、政策宣言法などを挙げ、最近この種の任意的立法が活用される方向にあるとしている。この方向については(特に政策宣言法等に対し立法化することに否定的見解もあるとしつつ)同氏は、政策の立法化の根本的理由は、元来漠然としていた政策が明確化され、議論が可能になり、国会という公の議論の場でそれについて批判交換がなされる点にあるとし、任意的立法の重要性を指摘している。

　現在の行政実務は必要的立法については侵害留保説によっていると思われるものの、他方で、現在の法律を見ると上記のように任意的法律も多いのが実態でもあり、政策を法律制度として位置付け、

恒久的なものとしたり、対外的に権威・正統性を高めたりする等の点から、上記のような整理は実務的に参考となるものである。

(2) その他の主な一般原則

ⅰ) 適正手続（デュー・プロセス）の原則

行政活動は内容的に正しいだけでなく、手続的にも適正なプロセスを経る必要があるという原則である。

透明性の原則（行政上の意思決定について、その内容及び過程が国民に明らかである必要があるという原則）〔行政手続法第1条参照〕とも関連するものである。

ⅱ) 説明責任の原則

主権者である国民・住民に対し行政の重要な情報を適宜・適切に提供し、行政に対する理解を可能とするようにする必要があるという原則である。

実定法的には、情報公開法・情報公開条例により措置されている。

ⅲ) 信義誠実の原則〔信頼保護の原則〕

従前の行政活動の存続を期待する私人の信頼が保護されなければならないという原則である。

民法上の信義則（「信義に従い誠実に行わなければならない」（民法第1条第2項））が行政活動にも当てはまるものであり、禁反言の法理とも関係する。

（一定の場合は私人の信頼に法的保護が与えられ、信頼破壊行為が不法行為となる場合がある〔最判昭56.1.27民集35巻1号35頁参照〕。）

ⅳ) 権利濫用禁止の原則〔目的拘束の原則〕

行政に付与された権限をその目的外のために用いてはいけないという原則である。

民法の権利濫用の禁止の原則（民法第1条第3項）が行政活動にも当て

はまるものである。

ⅴ）比例原則

政策目的を達成するための手段が目的との関係でバランスしたものでなければならないという原則である。

「より制限的でない代替手段（less restrictive alternatives）の法理」（ある目的を達成するために、規制効果は同じであっても被規制利益に対する制限の程度がより少ない代替手段が存在する場合は、当該規制を違憲とするアメリカの違憲審査の法理）と同様の理念に基づくもので、不必要な規制、過剰な規制を禁止するものである。

ただ、規制だけでなく、広く目的と手段のバランスを要請する原則としてとらえられ、規制の三面関係の構造（22 頁参照）では過小な規制権限の発動を禁止する法理としても通用する。

ⅵ）平等原則

同じ状況にある私人に対しては、特段の正当化理由がない限り同じように扱わなければならないという原則であり、不当な差別的取扱いを禁止するものである。憲法第 14 条に由来する。

ⅶ）補完性原則

行政活動は民間活動では対応できないところをカバーする補完的役割にとどめ最小限なものとすべきという原則である。

ⅷ）効率性原則

行政目的を達するため最小の費用で行政活動を行うべきという原則である。

4 行政通則法(行政手続法、情報公開法、行政機関個人情報保護法)

　行政活動を行う上で従うべきルール等が実定法（行政通則法分野）で定められており、十分な理解が必要であるので、以下に主な内容を説明する。

(1) 行政手続

ⅰ) 行政手続法（平成5年法律第88号）

- 行政機関が行政作用を行うときの事前手続を整備することにより、(時間、費用等の負担の多い事後手続（行政不服審査・行政事件訴訟）による救済だけでなく)違法・不当な行政処分を防止し、行政運営の公正確保・透明性向上を図ることで、国民の権利利益を保護することを目的とするものである。
- 行政手続法では、
  ① 許可、認可、免許等の申請に対してそれを認めたり又は拒否したりする処分（「申請に対する処分」）の手続
  ② 許可を取り消したり、一定期間の営業停止を命じたりする処分（「不利益処分」）の手続
  ③ 「行政指導」の手続
  ④ 「届出」の手続
  ⑤ 「命令等」を定める際の手続（意見公募手続（パブリック・コメント）等）

  について、行政機関が守るべきルールを定めている。
- ①に関しては、審査基準を定めること（第5条）、標準処理期間を定めるよう努めること（第6条）、申請を拒否する処分をする場合は同時に理由も示すこと（第8条）等を定めている。
  ②に関しては、処分基準を定めるよう努めること（第12条）、不利益処分を行う場合には聴聞を行うこと（第13条、第15〜28条）不利益処分をする場合には同時に理由を示すこと（第14条）等を定めている。
  ③に関しては、相手方の任意の協力が必要で、行政指導に従わなかっ

たことを理由に不利益な取扱いをしてはならないこと（第32条）、行政指導の趣旨・内容・責任者を明確に示さなければならないこと（第35条）等を定めている。

④に関しては、法令に定める届出の形式上の要件に適合した届出が到達すれば手続上の義務が完了するものであること（第37条）を定めている。

⑤に関しては、行政機関などが命令等を定める際は、当該命令等の案等を公示し、広く一般からの意見を求めること（第39条）、提出された意見を十分に考慮し命令等を定めること（第42条）等を定めている（公示は、電子政府の総合窓口（e-Gov＝イーガブ）で行われている。）。

※ 「命令等」とは、内閣・行政機関が定める⑦法律に基づく命令（処分の要件を定める告示を含む）又は規則、⑦審査基準、⑨処分基準、⑨行政指導指針とされている（第2条第8号）。

ⅱ) 地方公共団体の機関がする行政手続

地方公共団体の機関がする行政手続（処分（その根拠となる規定が条例又は規則に置かれているものに限る）、行政指導、届出、命令等に関する手続）については、行政手続法の適用除外とされているが、第46条により、地方公共団体は、この法律の規定の趣旨にのっとり、必要な措置を講ずるよう努力義務が課されており、地方公共団体においても、行政手続条例が制定されている。

> **＜備考＞**
> 上記の行政手続法は、行政行為、行政指導、行政基準に限定されたものであるが、その他の行政活動に関しても、判例等により、以下の行政手続の基本原則による必要があるとされている。
> ①告知聴聞原則（行政決定の前に私人に対してその内容を知らせ、意見を述べる機会が保障されなければならない）
> ②文書閲覧原則（行政が保有する情報は特段の支障がない限り、私人に公表されなければならない）
> ③理由提示原則（行政活動の理由が私人に対して提示されなければなら

ない)
④基準設定原則(行政活動の判断基準を個別の行政活動の前に設定し、特段の支障がない限りその基準が公表されなければならない)
⑤迅速処理原則(私人からの申請や意見に対して、行政はできるだけ迅速に応答しなければならない)

(2) 情報公開

ⅰ) 行政機関の保有する情報の公開に関する法律(平成11年法律第42号)

・国民の行政文書の開示請求権等を定め、行政機関の保有する情報の一層の公開を図ることにより、政府の有するその諸活動を国民に説明する責務が全うされるようにし、国民に開かれた行政の実現を図るためのものである。
・開示請求の対象文書は、国の行政機関の職員が組織的に使うものとして保有している文書、図画や電子データである。ただし、書籍のように市販されているものや、博物館、図書館などで閲覧できる歴史的資料などは請求できない。請求の目的を問わず、誰でも開示請求ができる。
・開示の手続等は下記のとおり。
　①開示請求の方法
　　　書面又はオンラインで行う(請求には手数料(1件300円)が必要)。
　②開示・不開示の通知
　　　原則として30日以内に行う。
　　　不開示情報(個人情報、行政における意思形成過程情報等)が記録されている場合を除いて、文書が開示される。
　　　不開示決定に不服がある場合には、不服申立てをすることができる。
　③閲覧・写しの交付の申出
　　　開示決定の通知があった日から30日以内に、開示の実施の方法

などを申し出る。（開示の実施には手数料が必要）

> ※ 独立行政法人に関しても、独立行政法人等の保有する情報の公開に関する法律（平成 13 年法律第 140 号）により、同様の措置が講じられている。

ⅱ）地方公共団体情報保護条例

地方公共団体においても、情報公開条例が制定されている。

（3）個人情報保護

ⅰ）行政機関の保有する個人情報の保護に関する法律（平成 15 年法律第 58 号）

- 個人情報の有用性に配慮しつつ、個人の権利利益を保護することを目的とし、行政機関の保有する個人情報（生存する個人に関する情報であって、当該情報に含まれる氏名・生年月日その他の記述等により特定の個人を識別することができるもの）について、その不適正な取扱いによる個人の権利利益の侵害を未然に防止するため、個人情報の取扱いに当たって守るべきルール（利用目的を超える個人情報の収集・保有の禁止、個人情報を取得する際の利用目的の明示、利用目的以外の利用・提供の禁止等）と、そのルールの実効性を確保するための本人関与の仕組み（開示請求権、訂正請求権等）を定めたものである。

> ※ 独立行政法人に関しても、独立行政法人等の保有する個人情報の保護に関する法律（平成 15 年法律第 59 号）により、同様の措置が講じられている。

ⅱ）地方公共団体個人情報保護条例

地方公共団体においても、個人情報の保護に関する条例が制定されている。

第4節　行政活動の主体
（Who?：誰が行政活動を行っているのか?）

本節では、行政活動の主体に関し、まず行政主体の概念等を見た上で、統治機関たる行政主体である国及び地方公共団体の組織等について説明し、その後、人的主体である公務員について見ていく。

1　行政主体と行政機関

（1）行政主体

行政主体（行政体とも呼ばれる）とは、行政上の権利義務を負い、自己の名と責任において行政活動を行う法人をいう。具体的には、統治団体たる行政主体である国及び地方公共団体が典型である。
（その他の行政主体としては、公共組合（土地改良区、健康保険組合等）、独立行政法人などがある。）

（2）行政機関

行政主体は、それぞれ自己の行政組織を有しており、その行政組織を構成する基礎単位が行政機関である。その行政機関とは、行政法学上、法主体（権利義務の帰属主体）たる行政主体が実際に行政活動を行うための機関であり、行政庁、補助機関等に分類される。ここでいう行政庁は、行政主体の意思を決定し、それを外部に表示する権限を有する行政機関であり、各省大臣、知事、市町村長などである。また、補助機関とは、行政庁の権限行使を補助する任務を負う行政機関であり、各省や地方公共団体の職員などである。

なお、国家行政組織法では、行政機関が異なる趣旨で使用され、内閣府・省・委員会・庁を国の行政機関と位置付けている（各省大臣は「行政機関の長」と呼ばれている）。

(3) 行政機関間の関係

　行政活動が円滑に行われるためには、実際に行政活動を行う行政機関が相互に有機的に機能する必要があり、そのためには行政機関の権限配分や相互関係が問題となる。

　行政機関は、原則として階層構造になっており、上級行政機関は下級行政機関に対して指揮監督権を有する。

　行政機関が、権限の一部を他の行政機関（下級行政機関や補助機関）に移譲することを権限の委任という（分掌等ともいわれる）。また、内部的な事務処理方式として、行政機関（行政庁等）の法律上の権限を補助機関が決済することを専決（局長専決等）という（本来の決裁権者が不在の場合に行われるものは代決という）。

　また、対等の関係にある行政機関の関係では、共管、協議、同意等、多様な仕組みがある。

2　国と地方公共団体の役割分担

　地方分権推進法（平成7年法律第96号）第4条において、国と地方公共団体との役割分担が定められており、国においては「国際社会における国家としての存立にかかわる事務、全国的に統一して定めることが望ましい国民の諸活動若しくは地方自治に関する基本的な準則に関する事務又は全国的な規模で若しくは全国的な視点に立って行わなければならない施策及び事業の実施その他の国が本来果たすべき役割」を重点的に担い、地方公共団体においては「住民に身近な行政は住民に身近な地方公共団体において処理するとの観点から地域における行政の自主的かつ総合的な実施の役割を広く担うべきこと」とされている。

　また、地方自治法（第2条）において、都道府県は市町村を包括する広域の地方公共団体として、地域における事務で「広域にわたるもの」、「市町村に関する連絡調整に関するもの」、「その規模又は性質において一般の市町村が処理することが適当でないと認められるもの」を処理し、市町村は、それ以外の地方における事務を一般的に処理するものとされている（市

町村優先の原則)。政策形成においても、この役割分担の考え方に基づき、検討する必要がある。

3　国

(1) 内閣

ア　憲法第65条で「行政権は、内閣に属する」とされ、国家行政組織法等でも内閣による国家行政組織の統括が定められており、内閣が国の行政権の最高機関である。

　内閣は、内閣総理大臣と国務大臣によって構成される合議体である（憲法第66条）。国務大臣は内閣総理大臣により任命され（憲法第68条）、その数は原則として14人以内であるが、特別に必要がある場合は17人まで増やすことができる（内閣法第2条第2項）。内閣の意思決定は閣議によりなされる（同法第4条）。

イ　内閣総理大臣は、内閣の首長、行政組織の最高機関、内閣府の長の3つの地位を備えている。

ウ　大臣には、内閣の構成員たる国務大臣、行政機関の長として行政事務を分担管理する行政大臣としての2つの法的性格がある（なお、例外的に行政機関の長でない国務大臣（無任所大臣）も認められている）。

エ　内閣には内閣官房が置かれ、重要政策の企画・立案、総合調整等を行う（内閣法第12条）。内閣官房には、内閣官房長官、内閣官房副長官、内閣危機管理官等が置かれる。

　その他、内閣には、内閣府、内閣法制局、安全保障会議、人事院が置かれる。

　内閣府は、内閣の重要政策に関する内閣の事務を助けることを任務とする（内閣府設置法第3条）。内閣府には、内閣の重要政策に関して行政各部の施策の統一を図るために特に必要がある場合において特命担当

大臣が置かれる（同法第9条）。また、内閣府には重要政策に関する会議として経済財政諮問会議等が設置される（同法第18条）。

（2）行政各部

ア　国の行政機関のうち、内閣府以外については、国家行政組織法により規律され、国の行政機関として省・委員会・庁が定められている（同法第3条、同法別表第一〔下記〕。この行政機関は3条機関と呼ばれている）。また、個別の設置法（国土交通省設置法等）により、任務、所掌事務、組織が定められている。

省	委員会	庁
総務省	公害等調整委員会	消防庁
法務省	公安審査委員会	公安調査庁
外務省		
財務省		国税庁
文部科学省		文化庁
厚生労働省	中央労働委員会	
農林水産省		林野庁　水産庁
経済産業省		資源エネルギー庁　特許庁　中小企業庁
国土交通省	運輸安全委員会	観光庁　気象庁　海上保安庁
環境省	原子力規制委員会	
防衛省		

（なお、別表第一に載っていない機関は、国家行政組織法上の国の行政機関でなく、同法上の特別の機関（第8条の3、海上保安庁等）、地方支分部局（第8条の4、国土交通省地方整備局等）等である（8条機関と呼ばれている）。）

イ　各省の長は大臣であり、また各省には副大臣と政務官が置かれる。
　省の内部部局として、官房・局が置かれ（特に必要があるときは官房・局に部が置かれる）、その中に課・室が置かれる（国家行政組織法第7条）。
　委員会・庁は、外局と呼ばれ、大臣の管轄下、省の内部部局とは異なる独立性を有し、それぞれ委員長・長官を長とする（同法第5条）。

内閣府に置かれる外局の長には、国務大臣を当てることができる（消費者庁の消費者及び食品安全担当大臣など）。

4 地方公共団体

（1）地方公共団体の区分

ア　地方公共団体は、普通地方公共団体と特別地方公共団体とに分かれ、前者は都道府県・市町村であり、後者は特別区（東京都の23区）、地方公共団体の組合・財産区である（地方自治法第1条の3）。地方公共団体の組合は、複数の地方公共団体が事務を共同で処理するために設ける団体であり、一部事務組合（ごみ処理、消防等）と広域連合（後期高齢者医療広域連合等）がある（同法第284条）。

イ　都道府県は、市町村を包括する広域の地方公共団体として、広域にわたる事務、市町村に関する連絡調整に関する事務、規模・性質において一般の市町村が処理することが適当でないと認められる事務を処理する。
　　市町村は、基礎的な地方公共団体として、都道府県が処理する事務を除き、一般的に地域における事務を処理する。

（2）地方公共団体の組織

ア　普通地方公共団体には、議決機関（議会）と、執行機関として長、委員会（教育委員会、選挙管理委員会、人事委員会、公安委員会、収用委員会、農業委員会等）、委員（監査委員）がある（同法第138条の4）。

イ　議会は、条例の制定・改廃、予算の決定、決算の認定などの権限を有する（同法第96条第1項）。
　　議会の議員は住民の直接選挙で選ばれ、任期は4年である。議会の議員の定数は条例で定められている。

ウ　地方公共団体の長（知事・市町村長）は、住民の直接選挙で選ばれ、

任期は4年である。地方公共団体の長は、当該地方公共団体を統轄・代表し（統括代表機関）、その事務を管理・執行する。地方公共団体の長は、議案の提出、予算の調製・執行などの権限を有する（同法第149条）。また、職員の指揮監督権を有する（同法第154条）。

エ　議会と長は、独立しつつ、相互の均衡を図る仕組みがあり、長は議会の議決に異議がある場合など一定の場合に、議会に対して再議に付すことができる（同法第176・177条）。また議会による長の不信任の議決、それに対する長による議会解散権がある（同法第178条）。

（3）地方公共団体の事務

ア　憲法第94条は、「地方公共団体は、その財産を管理し、事務を処理し、及び行政を執行する権能を有し、法律の範囲内で条例を制定することができる」と規定し、地方自治法第2条第2項では、「普通地方公共団体は、地域における事務及びその他の事務で法律又はこれに基づく政令により処理することとされるものを処理する」と規定している。
　このように、地方公共団体は、「地域における事務」を幅広く処理する機能が認められ、これに加え、「地域における事務」以外の事務も法令により処理する場合がある。

イ　地方公共団体の事務は、「自治事務」と「法定受託事務」に区分されている。「自治事務」とは、「地方公共団体が処理する事務のうち、法定受託事務以外のもの」（地方自治法第2条第8項）である。また、法定受託事務は、本来は国・都道府県の役割に属する事務でも、国・都道府県が処理するよりも、住民に身近な行政主体である地方公共団体に委ねた方がよいと政策判断される事務である（同法第2条第9項）。

ウ　普通地方公共団体に対して国・都道府県が関与する場合の透明性を確保するため、地方自治法において、関与のルール化と係争処理手続が定められている。すなわち、関与の類型（技術的助言・勧告、資料提出

要求、是正要求、同意、許可・認可・承認、指示、代執行）を法定化し（同法第245条）、国の関与には法令の根拠を必要としている（同法第245条の2）。また、関与に不服がある場合に国地方係争処理委員会、自治紛争処理委員による審査等を求めることができることとされている（同法第250条の7以下）。

（4）市町村の数

1,741（東京都特別区（23区）を含む）（平成26年4月現在）
（平成の大合併以前は3,000以上あった（平成11年4月時点では3,229））

（5）地方公共団体の例

以下で、埼玉県さいたま市（平成13年5月に旧浦和・大宮・与野の3市合併により誕生、平成15年4月1日に政令指定都市へ移行。面積約217㎢）を例に、職員数、組織、主な業務等を見てみよう。様々な部署で多様な業務が行われており、行政活動の重要性・広汎性が実感できるものと思われる。

【さいたま市】
- 人口　　　　125.6万人（平成26年4月1日）
- 市議会議員数　60名（定数）
- 市役所職員数　9,033人（男5,761人　女3,272人）（平成26年4月1日現在）
  （市長部局6,004人、消防局1,272人、水道局387人、教育委員会事務局1,278人等）
- 予算（平成26年度当初予算）8,986億円（うち一般会計4,649億円）
- 市の組織及び主な業務
  ・市長公室（秘書、渉外、広報・広聴）
  ・都市戦略本部（重要政策の企画立案・総合調整、行財政改革、シティセールス）
  ・政策局（市政の総合計画）

- 総務局（議会、市の行政一般、人事管理、防災・危機管理）
- 財政局（予算・税等の財政、契約）
- 市民・スポーツ文化局（市民生活、市民文化、区政、地域振興、スポーツ振興）
- 保健福祉局（保健衛生、社会福祉、社会保障）
- 子ども未来局（子ども・青少年の健全育成、子どもの保育）
- 環境局（環境保全、公害防止、廃棄物の処理・再利用）
- 経済局（商工業、観光、農政）
- 都市局（都市計画、公園・緑地、市街地再開発、土地区画整理）
- 建設局（道路・河川等の土木、建築・営繕・住宅、下水道）
- 区役所（区行政）〔区は10区ある〕
- 消防局（消防）
- 出納室（会計事務）
- 水道局（水道事業）
- 教育委員会事務局（学校教育、社会教育、学術・文化）
- 選挙管理委員会事務局（選挙）
- 人事委員会事務局（給与に関する報告・勧告、競争試験、選考）
- 監査事務局（監査、検査、審査）
- 農業委員会事務局（農地等の利用関係の調整、自作農の創設維持、農地等の交換分合等）
- 固定資産評価審査委員会（固定資産課税台帳に登録された価格に関する不服の審査決定）
- 議会局（議会の運営）

● 参考　地方分権改革の経緯

ここでは、国と地方の関係に関して、特に行政活動の分担、政策的には政策策定の主体の分担という観点から、地方分権改革の内容・成果等を簡単に整理しておく。

ⅰ）第1次分権改革（1995〜2000年）

地方分権推進法（1995年）に基づき設置された地方分権推進委員会を中心に検討・調整がされ、地方分権一括法（1999年制定、2000年施行）〔地方自治法はじめ475本の関連法令を改正〕が制定され、下記のような成果があった。

①機関委任事務の廃止と自治事務・法定受託事務の創設

　　　　　（法令の解釈運用も自治体の権限となり、条例制定も可能となった。）
　　②関与のルール化と係争処理手続の創設
　　　・関与の法定主義、基本原則、手続も地方自治法で法定（第245条の2、245条の3、246条〜250条の6）
　　　・関与の類型化（技術的助言・勧告、資料提出要求、是正要求、同意、許可・認可・承認、指示、代執行）
　　　・係争処理手続（国地方係争処理委員会、自治紛争処理委員による審査等）
　　③必置規制の縮小・緩和
　　④都道府県・市町村関係の見直し
ⅱ）三位一体の改革（2004〜2006年）
　　・小泉内閣。地方分権改革推進会議、経済財政諮問会議を中心に検討
　　・国庫補助金の廃止・縮小、税財源の移譲、地方交付税の見直し
ⅲ）第2次分権改革（2007〜2009年）
　　・自公政権。地方分権改革推進法（2006年）に基づき設置された地方分権改革推進委員会を中心に検討
　　・地方分権改革推進計画（2009年等）
ⅳ）地域主権改革（2009〜2011年）
　　・民主党政権。地域主権戦略会議を中心に検討。
　　・第一次一括法（2011年4月。法令による義務付け・枠付けの見直し〔41法律〕）、第二次一括法（2011年8月。都道府県から市町村への権限移譲〔64法律359事務〕、法令による義務付け・枠付けの見直し〔160法律〕）
　　・国庫補助金の一括交付金化（2011年度〜）
　　・国と地方の協議の場に関する法律（平成23（2011）年法律第38号）

5　公務員

（1）公務員制度の概要

ⅰ）公務員の種類

　公務員は大きく国家公務員と地方公務員に分かれる。
　また、国家公務員は特別職と一般職に分かれている。
　　・特別職：大臣、副大臣、裁判官、裁判所職員、国会職員、防衛省職

員等
・一般職：非現業職員、検察官、国営企業（林野）、特定独立行政法人職員等

　同様に地方公務員も特別職（議会議員、長、副知事・副市長村長等）と一般職とに分かれている。

ii）公務員制度の特色

　日本国憲法第15条で「すべて公務員は、全体の奉仕者であつて、一部の奉仕者ではない。」とされ、公務員は国民全体のために業務を行う必要があり、一党一派、一部の社会勢力や利益集団等、一部の人々の利益に奉仕するものではないことが定められている。

　このため、公務員の人事制度は、メリット・システム（能力原則・成績主義）を基本とし、情実の侵入を排し、本人の能力に基づいた公正な人事（採用等）が行われるべきものとされている。

iii）公務員の身分

　一般職の公務員については、「国家公務員法」、「地方公務員法」により、任用（採用・昇進等）、給与、身分保障、定年、服務、懲戒等について定められている。

　特に、政治的中立等のために、政治的行為の制限（国公法第102条、地公法第36条）、争議行為の禁止等労働基本権の制限（国公法第98条、地公法第37条等）が公務員の義務として定められている。

iv）採用試験

　国家公務員、地方公務員それぞれに採用試験が行われている。

　国家公務員では大卒程度の試験と高卒程度の試験に分かれ、前者で見ると、総合職・一般職（その中も事務系・技術系等の試験区分がある）、専門職（国税専門官等）等の試験がある。

　地方公務員では、都道府県、政令市、特別区、市町村等の試験があり、事務系、技術系（土木、建築等）、資格免許系（福祉、保健、保育等）、公安系（警察、消防）の試験がある。

> ● 参考
> 　公務員試験の試験内容は、大きくいって、筆記試験と人物試験（面接等）に分けられ、筆記試験は択一試験、記述試験、論文試験等がある。択一試験は、教養試験（知識・知能）、専門試験（事務系では法律・経済等、技術系では各専門分野等）等の試験がある（市町村の事務系の試験では教養試験のみの場合も多い）。
> 　また、試験日は、国、都道府県、市町村等で異なる場合が多い（複数の試験が受験可能となる）。

(2) 公務員の数

ⅰ) 公務員の数

　公務員の数は、全体で約339万人である（平成26年度、図1）。

　国家公務員の数は約64万人で、防衛省職員（自衛隊員等）等の特別職を除く一般職の国家公務員は約34万人である（特定独立行政法人職員・検察官を除くと約28万人）（図1）。

　地方公務員の数は約274万人（図2〔平成26年4月1日現在の数で、図1と若干異なる〕）で、都道府県が約150万人、市町村が約124万人となっている。市町村のうち、指定都市が約24万人、その他の市が約71万人、東京都23区が6万人、町村が約14万人となっている。地方公務員の部門別で見ると、都道府県は、教育部門（約6割）、警察部門（約2割）が多く、他方、市町村は、福祉関係を除く一般行政（約3割）が多く、他に福祉関係（約4分の1）、公営企業等部門（2割超）、消防部門（約1割）等となっている（図3）。

ⅱ) 公務員数の推移

　国家公務員の数は、定員削減、日本郵政公社民営化等により、14年間で約50万人減少している（図1）。

　また、地方公務員の数も、平成6年をピークに減少を続け、平成6年に比べ約54万人（16％）減少している（図4）。

第4節　行政活動の主体

ⅲ）公務員数の国際比較

我が国の人口当たりの公的部門の職員数は、欧米諸国に比べても低い水準である（図5）。

図1　公務員の数

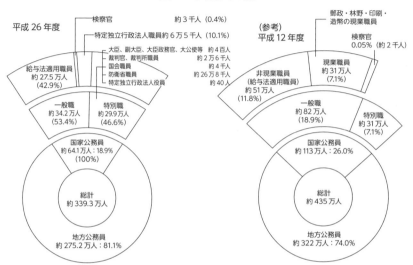

注： 1. 国家公務員の数は、以下を除き、平成26年度末予算定員である。
　　 2. 特定独立行政法人の役員数は、平成25年10月1日現在の常勤役員数の合計、職員数は、平成26年1月1日現在の常勤職員数の合計である。
　　 3. 地方公務員の数は「平成25年地方公共団体定員管理調査」による一般職に属する地方公務員数である（総務省資料）。
　　 4. 数値は端数処理の関係で合致しない場合がある。

（出典：人事院HP）

図2　地方公務員の数（平成26年4月1日現在）

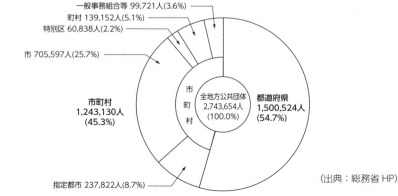

（出典：総務省HP）

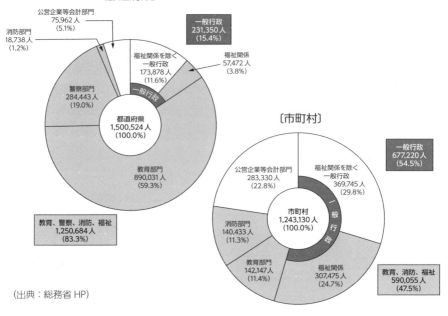

図3 地方公務員の部門別の職員数（平成26年4月1日現在）

（出典：総務省HP）

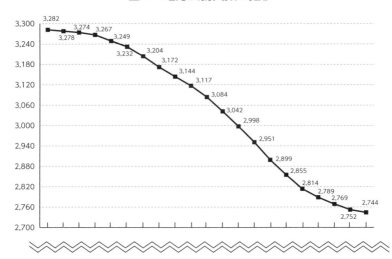

図4 地方公務員数の推移

図5 人口千人当たりの公的部門における職員数の比較

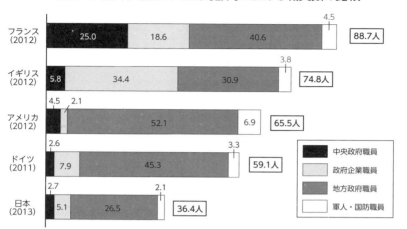

注： 1. 国名下の（ ）は、データ年度を示す。
2. 合計は、四捨五入の関係で一致しない場合がある。
3. 日本の「政府企業職員」には、独立行政法人（特定及び非特定）、国立大学法人、大学共同利用機関法人、特殊法人の職員を計上。
4. 日本の数値において、国立大学法人、大学共同利用機関法人、特殊法人及び軍人・国防職員以外は、非常勤職員を含む。

（出典：人事院HP）

第2章
立法（法律・条例の制定）

　本章では、政策形成の重要な部分を占める法令（法律・条例）の制定について、法令の内容面と、立案・決定のプロセス面の両方にわたって説明することとしたい。

第1節　条例の制定（内容）

　法令立案の内容面に関しては、第3章の政策立案において、政策一般の中で基本的に取り上げ、また、法律については個別法の具体例を第Ⅱ部でみていくので、ここでは、条例の内容面について、特に国の法律との関係（いわゆる条例制定権の範囲）や自主条例の事例について見ていきたい（なお、法律の対象となる事項の範囲に関しては56頁（一歩先へ）参照）。

1　条例の概要

ⅰ）条例の制定

　地方公共団体は、憲法第94条により、「法律の範囲内で条例を制定することができる」、また、地方自治法第14条第1項により、「法令に違反しない限りにおいて第2条第2項の事務に関し、条例を制定することができる」とされ、地方公共団体による立法権が認められている。

　また、「義務を課し、又は権利を制限するには、法令に特別の定めがある場合を除くほか、条例によらなければならない」こと（地方自治法第14条第2項）、条例で違反者に対し刑罰（2年以下の懲役・禁錮、100万円以下の罰金、拘留、科料、没収）あるいは過料（5万円以下）を科す

るとすることができること（同条第3項）が定められている。

条例は、通常の場合は、地方公共団体の長あるいは議員が条例案を議会に提案し（同法第149条第1号・第112条）、議会の議決により成立する（同法第116条第1項）。

条例は、（地域における事務に限定され）国の事務について規定することはできず、また国の法令に違反した内容とすることもできない。法定受託事務に関しては、条例の制定が可能である。

条例の効力は、当該地方公共団体の区域内に限定されるが、区域内であれば住民以外のすべての者に適用可能である（第Ⅱ部第7章の千代田区生活環境条例参照）。

ⅱ) 長が制定する規則

地方公共団体の長は、法令に違反しない限りにおいて、その権限に属する事務に関し、規則を制定することができる（同法第15条第1項）。規則で違反者に対し過料（5万円以下）を科するとすることができる（同条第2項）。

ⅲ) 条例の分類

条例には、大きく分けて、法律の規定を実施・執行するために法律の個別的の委任を受けて定められる委任条例と、法律の個別の授権なしに定められる自主条例がある。委任条例の適法性は授権根拠となった法律の規定の趣旨に適合するか否かで決まる。自主条例の適法性については、以下で述べる。

条例の内容で見ると、権力的行政に係る条例、非権力的行政に係る条例（施設管理、情報公開等）、自治体の内部的な基本事項を定める条例（職員関係、議会関係、行政手続等）など、様々なものがある。

2　条例制定権の範囲

　上述のように、条例は、「法律の範囲内で」（憲法第94条）「法令に違反しない限りにおいて」（地方自治法第14条第1項）制定することができる。

　法令と条例の抵触関係については、判例では以下のように判断されている。

　「条例が国の法令に違反するかどうかは、両者の対象事項と規定文言を対比するのみでなく、それぞれの趣旨、目的、内容及び効果を比較し、両者の間に矛盾牴触があるかどうかによつてこれを決しなければならない」とされ、「例えば、ある事項について国の法令中にこれを規律する明文の規定がない場合でも、当該法令全体から見て、右規定の欠如が特に当該事項についていかなる規制をも施すことなく放置すべきものとする趣旨であると解されるときは、これについて規律を設ける条例の規定は国の法令に違反することとなりうる」、逆に、「特定事項についてこれを規律する国の法令と条例とが併存する場合でも、後者が前者とは別の目的に基づく規律を意図するものであり、その適用によつて前者の規定の意図する目的と効果をなんら阻害することがないとき」や、「両者が同一の目的に出たものであつても、国の法令が必ずしもその規定によつて全国的に一律に同一内容の規制を施す趣旨ではなく、それぞれの普通地方公共団体において、その地方の実情に応じて、別段の規制を施すことを容認する趣旨であると解されるとき」は、「国の法令と条例との間にはなんらの矛盾牴触はなく、条例が国の法令に違反する問題は生じえない」とした（徳島市公安条例事件最高裁判決（最大判昭和50年9月10日刑集29巻8号489頁））。

　すなわち、上乗せ条例（法令と同一の目的の下に、同一の対象について、法令より厳しい基準の規制をする条例）や、横出し条例（法令と同一の目的の下に、法令が規制していないものについても規制対象とする条例）も、法令が、地方の実情に応じて別段の規制を施すことを容認する趣旨であると解される場合は、認められるものである。

3　様々な自主条例の事例

　以下では、様々な自主条例の事例を、分野別に紹介したい。それぞれの地域の課題に対処するために、行政により政策対応している内容がうかがえる。

　（以下は、主に兼子仁・北村喜宣・出石稔共編『政策法務事典』（ぎょうせい 2008）をベースに作成した。）

＜まちづくり＞

○景観条例
- 1968（昭和43）年の「金沢市伝統環境保存条例」、「倉敷市伝統美観保存条例」が嚆矢（1961（昭和36）年の古都保存法の指定を受けなかった自治体の独自の取組み）。その後、1972（昭和47）年に「京都市市街地景観条例」（京都タワー建設問題への対応）。
- なお、2004（平成16）年に景観法が制定されたことにあわせ改正等されている。

○まちづくり条例
- コミュニティ整備型（地区計画等）、住環境整備型（建築行為規制・誘導等）、開発行為規制型（開発行為規制等）、土地利用計画型（土地利用計画策定等）の類型に分けることができる。
- 1981（昭和56）年の「神戸市地区計画及びまちづくり協定等に関する条例」、1982（昭和57）年の「世田谷区街づくり条例」が先駆け。まちづくり協議会やまちづくり協定等、都市計画等への住民参加を位置付け。
- 1993（平成5）年の「真鶴町まちづくり条例」、1995（平成7）年の「鎌倉市まちづくり条例」は、民間の開発事業へ地域住民が関与できる仕組みを規定。
- 1999（平成11）年の分権一括法以降は、手続規定にとどまらず、実体的な規制も盛り込まれるようになってきている。

<福祉>

○福祉資金貸付条例
- 1969（昭和44）年の「東京都児童育成手当に関する条例」、「千葉県寡婦福祉資金貸付条例」等。1966（昭和41）年の児童手当法の上積み・横出しでの給付の条例。
- 1981（昭和56）年の「武蔵野市福祉資金貸付条例」は高齢者等への不動産担保貸付を位置付け。

○福祉のまちづくり条例
- 高齢者、障がい者などが利用しやすい都市施設整備等を目的とする。1977（昭和52）年の「神戸市民の福祉をまもる条例」（その前は町田市等で要綱で）。その後、対象拡大（1997（平成9）年に「石川県バリアフリー社会の推進に関する条例」、2002（平成14）年に「浜松市ユニバーサルデザイン条例」）。
（国は1994（平成6）年ハートビル法、2000（平成12）年交通バリアフリー法等）

<安全・安心>

○生活安全条例
- 1979（昭和54）年の「長岡市防犯推進に関する条例」が嚆矢。都道府県では、2002（平成14）年に「大阪府安全なまちづくり条例」、「「減らそう犯罪」ひろしま安全なまちづくり推進条例」。
- 防犯環境整備等による犯罪被害の防止等を目的とする。

○食の安全条例
- 2001（平成13）年の「福岡県農業・農村振興条例」が嚆矢。
- 食品の安全性確保、食育等を目的とする。
（国は2003（平成15）年に「食品安全基本法」）

○消費者保護条例
- 消費者と事業者の間の苦情対応等。

<地域環境>

○公害防止条例

- 自治体政策法務の先導的成果。
- 1949（昭和24）年の東京都の公害防止条例（工場立地の認可制等）、1969（昭和44）年の東京都の公害防止条例（国の公害立法以上に厳格な基準等）。
  〔国は1970（昭和45）年の水質汚濁防止法・大気汚染防止法の中で都道府県の上乗せ・横出し条例を認めた。〕

○環境アセスメント条例
- 1976（昭和51）年の川崎市条例等。
  (国は1984（昭和59）年閣議決定のアセス要綱にとどまっていたが、1995（平成7）年に環境影響評価法制定→法律が適用される事業に重ねて条例を適用することは認めない方針。)

○ポイ捨て禁止条例
- 1992（平成4）年の「北野町の環境をよくする条例」（福岡県）が嚆矢。
  (国の廃棄物処理法では対応困難な行為を対象として棲み分け)

○ラブホテル等規制条例
- 1981（昭和56）年の「東大阪市ラブホテル建築の規制に関する条例」が嚆矢。
  建築についての同意制等。
  (国の風営法で規制されないラブホテル類似施設の規制)
  (東郷町ラブホテル規制条例事件最高裁判決（平成19年3月1日）は風営法違反とはしなかった)

○ペット霊園等規制条例
- 2000（平成12）年の「市原市ペット霊園の設置の適正化に関する条例」が嚆矢。ペット霊園設置の許可制等。
  (国の墓地埋葬法、都市計画法で規制対象とならない)

○放置自転車規制条例
- 1980（昭和55）年の「寝屋川市環境美化条例」が皮切り。放置自転車の撤去、保管、処分等を定める。
  (同年に国の自転車法が制定されたが、同法の想定する道路法、道路交通法、廃棄物処理法、遺失物法等では放置自転車問題に対応できなかった。)

○地球温暖化対策条例
- 国の地球温暖化対策推進法で十分でない面を、自治体でも対応。東京都、長野県、京都府等だけでなく、京都市、柏市、千代田区等の基礎自治体でも策定。アイドリング対策、建築物の省エネ化等。

<地域経済>
○産業振興条例
- 中小企業等への助成金交付・損失補てん・機械貸与、新規考案の認定・保護、農産物の試験検査等。
- 1954（昭和29）年「宮城県中小企業振興機械類貸与に関する条例」、1974（昭和49）年の「桐生市中小企業等振興条例」、1959（昭和34）年の「海南市考案保護条例」（和歌山県）、1964（昭和39）年の富山県「球根検査条例」、1970（昭和45）年の青森県「りんご県外出荷規格条例」等。

○産業立地調整条例
- 企業の誘致のための助成金交付、公共用地提供等。
- 工場、商業施設の立地調整。従来から大規模店舗への規制があったが（要綱規制も多かった）、最近では、2000（平成12）年の「渋谷区特定商業施設の立地調整に関する条例」等で飲食店、興行場等の出店調整。

<人権・コンプライアンス>
○こどもの権利条例
- 2000（平成12）年の「川崎市子どもの権利に関する条例」が嚆矢。

○男女共同参画条例
- 2000（平成12）年に埼玉県、東京都で最初に。同時期に市町村でも（都留市、出雲市、塩尻市等）。

○障がい者の差別禁止条例
- 2007（平成19）年に「障害のある人もない人も共に暮らしやすい千葉県づくり条例」。差別事案の解決等。

○公益通報者保護条例
- 2003（平成15）年の「千代田区職員等公益通報条例」等。

（国で 2004（平成 16）年に公益通報者保護法が制定されたが、保護の対象が限定されており、上記条例で保護対象拡大等が行われている。）

○（不当）要求行為対応型コンプライアンス条例
- 2001（平成 13）年に「近江八幡市コンプライアンス条例」（行政対象暴力の審査会による認定）。
- 2007（平成 19）年の「神戸市政の透明化の推進及び公正な職務執行の確保に関する条例」（有力者の口利き圧力に対処するために、正当な要求と不当な要求を選別しないですべて記録するよう規定）。

○複合型コンプライアンス条例
- 上記 2 つの類型の条例をあわせた条例。職員の職務における法令遵守や倫理保持のための体制整備。
- 2004（平成 16）年の「長岡京市における法令遵守の推進に関する条例」が最初。

第2節　立法過程（プロセス）

　本節では、法案（法案には議員提出法案と内閣提出法案があるが、ここでは後者を取り上げる）の立案・形成の過程について説明する。その理由は、次のとおりである。

　政策形成は、前述（28頁）したように、①政策課題設定→②政策立案→③政策決定、という手順で行われるが、内閣提出法案の場合、①②は行政部内で、③は行政部内及び国会において行われ、様々なプロセス、一定の期間を経て（限られた期間内に行う必要がある場合も多い）立法化されるものであるが、どのようなプロセスを経て、その中でどのような調整が行われるかを理解しておくことは、作業・業務プロセスを把握しておくためだけでなく、法案としての実現可能性等の検討など、法令の立案の上でも重要であるからである。

（1）全体のプロセス

　内閣提出法案の立法過程は、関連する主体等も踏まえると、大きくいって、内閣提出法案の国会提出までのプロセス（その中にも政府部内で閣議決定するまでの政府内プロセスと、与党の了解を得る与党プロセスがある）、提出した法案の国会におけるプロセスに分けられる。その概要フローは下図のとおりであり、以下、それぞれのプロセスの概要を見ていくこととしたい。

　（具体の法案の事例としては、第Ⅱ部第6章2（217頁以降）も参照されたい）

第2節 立法過程(プロセス)

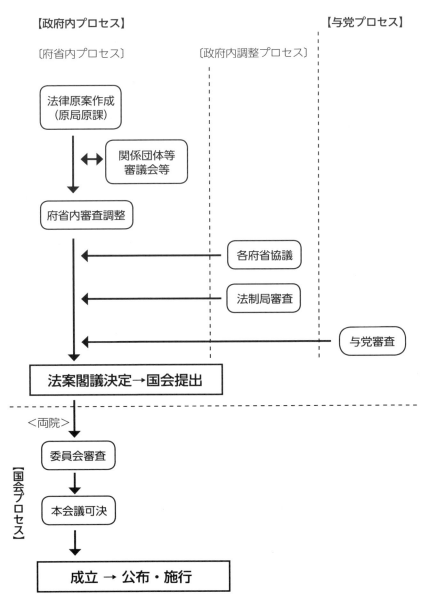

（2）政府内プロセス

　政府内プロセスは、内閣提出法案を閣議決定するまでの政府部内のプロセスであり、府省内プロセスと政府内調整プロセスに分けられる。以下、その内容を概観する。

ⅰ）府省内プロセス

　法律制定の契機は、新たな政策課題や行政活動過程で生じた課題への対応、既存法の見直し（時限法の改定、見直し条項や国会附帯決議への対応等）、事故・災害等への対処、外部（官邸、与党、関係団体等）からの働きかけなど様々であるが、それに応じて（ボトムアップ的あるいはトップダウン的に）府省内で法律案の立案の検討が行われる。検討を行うのは原則として既存法であれば当該法律の所管課、新法であれば課題に直面していたり当該分野の担当課であるが（新法の場合は法案検討をどこが行うかで調整が必要な場合もある）、新法などで検討内容・作業量が多い場合は、局内他課の要員等も動員し専属的に法案検討・調整を行うチームを別スペースに集結した作業プロジェクトを構成し（通称「タコ部屋」）、検討を進めることも多い。

　一般的には通常国会に法案を提出することとなるため、提出期限に向けたスケジュール管理を行いながら、局内、府省内（官房、大臣等幹部含む）、関係府省（特に共管法の場合は共管府省、予算関係の場合は財務省、政治的に重要な法案は官邸等）、内閣法制局、与党、関係団体等と、段階的（法案提出の可否を決定する段階や法案の骨格・素案を固める段階等）・順次（省内・政府部内・政府外等の各レベル）に検討・調整を進め、また、有識者・関係団体等の意見を反映するため審議会・検討会等を開催運営したりしながら、法案の内容を固めていく。予算・税制関連の法案の場合は、予算要求・税制要求を（自らあるいは他の担当で）並行して行う。

ⅱ）政府内調整プロセス

　内閣提出法案は、閣議決定（全閣僚の全会一致）を経た上で内閣として

提出するものであるから、全府省及び（内閣提出法案の審査を行う）内閣法制局の了解を得ておく必要があり、各府省協議（各府省が所管する行政分野・法律等との利害調整等が行われる）と法制局審査（法律として制定する必要性、規制法の場合は規制の合理性、当該法律・他法令との整合性等が審査される）が済まされた上で、事務次官等会議を経て、閣議決定される。

（3）与党プロセス

（この（3）及び下記の（4）の記述は基本的に中島誠『立法学〔第3版〕』（法律文化社　2014）によっている。）

内閣提出法案を国会に提出するに当たって、法案成立に向けた国会運営の円滑化のための内閣・与党一体性の確保等のため、運用として、事前に与党の了解を得ることとされている。

この与党審査は、現在の自公連立政権の下では、各党がそれぞれ審査をした後(※)、与党政策責任者会議において協議・調整の上、決定されることで完了する。

各府省側は、法案が円滑に了承されるよう、主要議員への事前説明・了解取付け（いわゆる根回し）を行う。

※　自民党では政務調査会部会（省庁編成に対応した13の部会がある）→政調審議会→総務会といった流れで行われ、基本的に全会一致の原則で進められる。なお、その後、閣議の手続と並行して、国会運営の視点から国会対策委員会において説明され審査を受ける。

（4）国会プロセス

閣議決定された法案は、衆参どちらかの議院に提出され（衆議院に先に提出されることが多く、参議院先議の法案は1割強にすぎない）、議院運営委員会で割り振られた委員会（省庁再編に対応した17の常任委員会と、特別委員会がある）に付託され、審査される(※1)。委員会審査は、提案理由説明（「お経読み」と呼ばれる）→質疑（質疑は通常、大臣、政府参考

人等政府側に対して行われる）→討論→採決の流れで行われる（質疑終了後に公聴会、参考人質疑、委員派遣が行われることもある）。

　委員会で採決された後、法案は本会議に送られ、本会議では、通常、委員長報告のあと、そのまま採決に移ることが多い。

　先議院で可決された法案は、当日に後議院に送付され、先議院と同一の手続が展開される。

　両議院で可決等され法案が成立すると、公布のための閣議決定を経て、原則として３日後に官報掲載によって公布される[※2]。

※1　ただし、重要法案等については、野党から本会議での趣旨説明要求が出され、委員会への付託が行えず、議院運営委員会預かりになること（「吊し」と呼ばれる）が多い。これらも含め、法案の議事日程等の国会の議事運営は、国会の委員会の１つである議事運営委員会で決められることとなっている。ただし、実質的に決定しているのは、各党の国会対策委員会間の協議によるものとされている（いわゆる「国対政治」）。
官僚は、法案を成立させるため、付託された委員会の委員長、与党筆頭理事と頻繁に接触し、そこで立てられた対処方針を踏まえ、与党国会対策委員関係者（委員長、担当副委員長）、議院運営委員会関係者（委員長、与党担当理事）に適宜、状況報告と相談を行い、成立後のお礼を欠かさず行っていくことが重要とされている。

※2　我が国の国会では、会期独立の原則の下、会期中に両議院が議決に至らなかった案件は、原則として次の会期に引き継がれないという会期不継続の原則が取られており、たとえ先議院で議決され後議院に送付されたものでも廃案となる。ただし、例外として、各議院の議決で特に付託された案件については、「閉会中審査」（「継続審査」とも呼ぶ）の案件として次の会期に継続される（国会法第47条）。

第3章
政策立案の方法

　本章では、実際に政策立案を行う際の方法について見ていきたい。
　すなわち、第1章第3節（1）（26頁以降）において政策形成のプロセスを見てきたが、ここでは、実際に政策案を作成する上で、どのような点に留意し、どのような視点で検討する必要があるかについて、筆者の行政経験も踏まえて、説明していくこととしたい。そこで、①政策課題の発見・設定、②政策立案という政策案を作成する手順にそって、政策案を作成する上で留意等すべきと筆者なりに考える点について触れていく。少し抽象的・総括的な説明となる面もあるので、3において具体的事例を簡単に示すので、それも参照しながら見ていただきたい。
（なお、政策立案において活用される手法（例えば、アイデア出しの方法や、アンケート調査・ヒアリング等の方法など）については、ここでは取り上げていないので、それらに関する文献（例えば、幸田雅治・坂弘二『自治体職員研修講座　政策形成・自治体法務』（学陽書房 2007）等）を参考にされたい（なお、同書では、政策調整の手法、住民合意形成の手法等も説明されており、参考となる）。）

1　政策課題の発見・設定

　政策案を作成する上では、当然のことであるが、まず、公共政策により解決すべき公共的課題を明確にする必要がある。政策課題を明確化する上で留意する必要がある事項は下記のとおりである。

（1）政策課題の発生と発見

ア　政策課題が生じる背景・事情としては、大きくいって以下の類型が考えられ、それぞれに応じた政策課題の発見が必要である。

㋑　目標設定型

　　公共活動の新たな分野について新たな目標を設定し、その目標を達成するために政策形成を行う。この場合、政策課題は、その新たな目標（あるいはその新たな目標と現状のギャップの解消）であるが、当該新たな目標設定のため、有識者等による審議会等を設け、行政主体（行政機関）が新たに取り組むべき政策分野やその政策目標を設定したりするような方法が考えられる。

㋺　現場発生型

　　上記に加え、というより、政策課題が発生し、政策形成を行う通常のパターンとしては、既存の政策を実施している中で、問題点が生じ、その問題点について、既存の政策の（柔軟な）運用等では対応できない場合である。このような場合に、当該政策課題の解決のため、既存の政策自体を見直し・変更したり（法律制度であれば法改正）、あるいは既存の政策の見直し・変更では対応困難な場合は新たな政策を形成したりする（法律制度であれば新法の制定）ものである。

　ただし、上記の2つのパターンは、それほど明確に区別できるものでない場合も多い。なぜなら、行政機関はそれぞれが担当する行政活動の分野を有し、当該分野の政策の実施等を行っている、すなわち基本的には既存政策を前提として行政活動を行っているものであることから、㋑と見えるような場合も、既存の政策分野において生じた新たな課題という側面も有するものであり、㋺と見ることも可能なものでもある。
　（例えば、内閣府で取り組まれているような自殺対策（自殺対策基本法が平成18年に制定された等）、ワーク・ライフ・バランス（「仕事と生活の調和（ワーク・ライフ・バランス）憲章」が平成19年に策定され

た等）等は㋐のタイプともいえるかもしれないが、それまでも法律等まではいかなくても当該分野で行われていた取組みについて、新たな目標、枠組み等が作られて、より明確・強力に取組みが位置付けられたものととらえれば㋺のタイプと見ることもできる。）

　いずれにしても、行政活動の中で様々な問題点が生じた場合に、当該問題点に既存の政策の柔軟な運用で対応することは当然として、その対応ができない場合に、当該問題点を放置する（「制度・ルールがそうなっていますから、それ以上はできません」等の対応）のではなく、問題点に応じた制度の見直し・改正等を検討する対応を心がける必要がある（ただし、やみくもに制度改正を行うことは逆に望ましいものではないので、ニーズに基づいた見直し等の留意が必要である）。

イ　また、そのような政策課題の発見を的確に行うためには、所管分野を取り巻く社会経済的状況や国全体の政策動向等に日頃から問題意識を持って注視するとともに、政策実施過程において発生する政策課題を適宜把握できるようにする環境整備も必要である。特に、前述（33頁）したように、政策形成と政策実施の主体が異なる場合も多いため、政策実施の場面において生じている問題で政策見直しが必要となるような政策課題を政策形成主体が適宜把握できるよう、政策実施主体との意思疎通・連携が重要である。このために、政策形成主体から政策実施主体への定期的な政策課題の照会・調査や適宜の問い合わせ・打ち合わせ等による現場の声の吸上げも必要であるが、さらには、政策実施主体から政策形成主体への問題提起がされやすいような環境整備も重要である。例えば、（政策実施主体から政策形成主体へ現場での問題が提起されたにもかかわらず政策形成主体が真摯に取り合わないことは論外として、）政策実施主体から政策形成主体へ（具体的には地方公共団体から国へ）問題提起が行われにくい状況が現実的にあることから、政策課題とまでいかなくても現場の問題を相談しやすい関係性を構築したり（その持ち込まれた問題から政策形成主体が政策課題を発見できるようにするため）、あるいは政策形成主体が現場に出向いて対面で打ち合わせ・意見

交換の場面を作ったりするなど、日頃からの意思疎通やバリアのない関係性の構築にも心がける必要がある。

（2）既存の政策との整理

　行政活動において問題が発生した場合でも、当該問題に既存の政策の適用（あるいはその運用の柔軟化）で対応できる場合は、必ずしも政策の変更あるいは新規政策の形成は必要ないことから（ただし、従来から生じていた様々な問題を一気に解決するような政策の形成も否定されるものではない）、適用可能な既存の政策を（自ら担当する政策だけでなく）網羅的にチェックする必要がある。その検討が不十分であると、一定の作業を経て政策案を立案した後に、例えば、政策対象者や（問題提起した者でない他の）政策実施主体、（法律の場合は）内閣法制局等からの指摘等で既存の政策の適用で足りることが判明するような場合も考えられ、労力、時間の大きなロスになってしまう。

（3）公共的問題か否かの確認

　上記（1）と並行した検討作業となるが、発見された政策課題が、行政として取り組むべき公共的問題か否かの確認が必要である。民間あるいは市場で対応できる問題であれば、公共政策により対応する公共的問題ではないからである。その確認においては、逆にいうと、行政で取り組む場合の達成すべき公共的利益があるか否かを検討するということとなる。また、（下記2において説明するが）当該政策課題が生じた原因の確認も重要である。その課題が単なる私人間の利害・意見の対立によるもので個別の調整で対応できるものなのか、既存の政策では対応できない問題、あるいは既存の政策自体に内包された問題で政策対応すべき課題なのかを確認する必要がある。

（4）行政のどのレベルで対応すべき政策課題かの検討

　上記により行政として取り組むべき政策課題が把握された場合でも、その把握した政策課題に対応すべき政策形成主体の検討が必要である。すなわち、行政の中でも、国レベルで対応すべきものか、地方公共団体レベル（さらにその中でも都道府県レベルか市町村レベルか）で対応すべきかを検討する必要がある。具体的にいうと、例えば、市町村が、その行っている行政活動において政策課題を把握した場合に、当該市町村において自主的に政策対応すべきものか、あるいは国において政策対応すべきものかを検討する必要があり、後者であれば（法定受託事務の実施の場面が多いと思われる）、国へ政策対応の検討を伝える必要がある。

（5）政策課題の優先順位等の検討、政策課題の確定

　上記の検討で固まってきた政策課題について、複数の政策課題がある場合等において、問題の切迫状況、関係者からの政策ニーズ・要請等の状況、政策形成主体における政策資源（人的スタッフ、組織の予算規模等）の状況や、政策立案（あるいは政策決定）までの時間的制約等も踏まえ、対応すべき優先順位、スケジュール等（場合によっては長期的課題とすることも含め）を決めた上で、政策対応すべき課題を確定する（当然、同時に対応することも考えられる）。

　（なお、上述してきた検討は、前述（28頁）したように、下記2の政策案の検討と相互往復的に行われることも多い。）

2 政策立案

政策の構成要素である目的と手段（政策内容）を検討する。目的は上記1の政策課題に対応するものであり、具体の政策内容として政策の主体、対象、手法等（財源等含む）を検討するが、その検討の視点、留意点は下記のようなものである（なお、前述の第1章第3節1（1）の＜備考①②＞（28頁〜31頁）で記した点もあわせて参考に留意されたい）。

（1）政策手法（規制、直接供給、誘導）の選択

政策案の内容を詳細に検討する前提として、把握された問題点・問題状況を踏まえ、どのような政策手法が適するかを大まかにイメージし、固める必要がある。これは、政策の作業内容、スケジュールを検討する上でも重要となる。特に、規制手法であれば法律・条例の制定が必要となることから、膨大な作業となり検討体制（「タコ部屋」等）の整備も必要となる場合もあることに加え、特に法律では一般的には通常国会において議決されるよう、提出期限等を踏まえた検討が必要となる。また、直接供給手法や、補助・融資・税制特例等の経済的誘導手法であれば、予算要求・税制改正要求が必要とされることから、同様に、その提出期限等を踏まえた検討が必要となる（さらに、それらの手法による政策を法定化する場合は、規制手法と同様の検討も必要となる）。

（2）政策案の検討

ⅰ）既存の政策の参照

政策案の検討においては、既存の政策を参考にすることも有効である。この際、同じ行政分野の政策（スキーム）だけでなく、他の分野の政策（スキーム）も広く参考にする。また、例えば、規制手法による政策の場合、規制の程度の強さの異なるものも参考にしたり、さらに（規制改革の動向の中で）規制手法によらない手法（経済的ディスインセンティブ手法等の誘導手法）についても検討の対象とすることも考えられる。なお、政策見

直し等による場合は、当然に、当該政策の改正経緯をチェックし、その際の課題、当該課題へ対応するための検討内容、採用されなかった政策案の問題点なども確認し、それら改正経緯を踏まえた検討を行う必要がある。

ii）問題点及びその原因の把握並びに政策ニーズの把握

政策案の検討においては、生じている問題点の具体的把握とその原因の究明が必要である。すなわち、現在問題となっている点は何か、その問題点が生じている原因は何かを具体的に調査、把握する必要がある。その上で、当該問題点が生じている原因を解消・改善する政策案を検討することとなる。

この検討作業は、政策へのニーズを確認する作業となり、この作業が十分行われない場合は、政策ニーズのない（机上の空論的な）政策案となってしまうおそれが強い。

iii）タイミング、スケジュール管理

政策案の検討は、上記ⅰ、ⅱや下記ⅳ以降の様々な点について詳細な検討を行い、慎重かつ綿密に行う必要があるが、政策が必要とされるタイミングを失すると、いかに良い内容の政策ができあがっても、その効果を発揮しなかったり、効果が低減してしまったり、さらに、関係者（政党、関係団体、マスコミ等）から評価されなかったり、批判されたりするおそれがある。そのため、内容の検討に加え、政策案を打ち出すタイミングを常に意識し、そのためのスケジュール管理を十分行う必要がある（なお、法案、予算要求等については前記（1）も参照）。

ⅳ）実現可能性・実施可能性の検討

ここでは実現可能性とは、政策の関係者の理解等を得て、立案した政策が政策決定され、政策形成に至るか否かのことをいい、他方、実施可能性とは、形成された政策を政策実施主体が実際に有効に実施することができるか否かのことをいうものとする。

そうすると、実現可能性とは、具体的には、法律であれば、府省内、関

係各省、内閣法制局等の政府部内の理解が得られたり調整ができるか否か、また与党プロセスや国会プロセスで理解が得られるかという点である（第2章第2節（86頁以降）参照）。また、予算であれば、財務省等の理解も必要となる。さらには、マスコミ、世論等の反応も留意が必要である。

また、実施可能性とは、具体的には、政策実施主体が政策を実施する上での人員確保や財源確保が可能か否か、さらには（規制対象者等の）政策対象者の（強硬な）反対がなく実施できるか否かという点である。

　（なお、形成した政策が実施主体や制度活用者等のニーズに合っているかということも必要であるが、その点は前記ⅱ）参照）

ⅴ）行政活動の一般原則

政策立案においても、第1章第3節3（56頁以下）で述べた行政活動の一般原則が当てはまる。

すなわち、効率性の原則（最小限の費用で目的を達成すべき）、平等原則（公平性の原則。政策の対象に漏れはないか（あるいは政策の対象外となったものとの公平性が説明できるか）等）、比例原則（政策目的と政策手段のバランスがとれているか。特に権利制限・義務賦課は目的達成のため必要最小限のものとなっているか）等について検討を行う必要がある。

ⅵ）政策体系内での整合性や行政全体での整合性

当該政策に係る政策体系内あるいは行政全体内で、例えば、上位計画と矛盾抵触しないか、他の政策と整合性があり棲み分けができているか等の検討が必要である（法案の場合は、府省協議や内閣法制局審査においてもチェックされる）。

ⅶ）政策の妥当性・有効性・戦略性等

例えば、次のような視点も検討すべきである。
- 政策の副作用（モラルハザード等）がない、あるいは最小限なものとなっているか。
- 政策は汎用性のある（特異事例だけをもとに検討していない）ものと

なっているか。
- 政策実施主体が現場の事情に応じて柔軟な対応ができるような仕組みになっているか、逆に政策実施主体の恣意的な運用が排除される仕組みになっているか。
- 継続的なものとするか、期間限定のものとするか。
- 全面的に実施するか、モデル的に実施するか。

viii）政策原案の決定

　政策案が複数ある場合は、それらの案のメリット、デメリット等を総合的に検討し、最終的な政策原案を決定する。

　その際、規制手法、誘導手法等、複数の政策手法の政策案を組み合わせた政策パッケージとしてまとめることも有効である。

（3）政策案のつめ・確定

ⅰ）政策案の細部のつめ

　政策原案につき、例えば、法律・条例であれば条文化等による法律案・条例案の作成、予算措置であれば予算要求の内容・要求額、税制要望であれば税制特例措置の内容・減税規模などを固めるとともに、運用基準等の細目、運用の手続、実施体制等の詳細な検討を行う。

ⅱ）政策効果の明確化

　固まった政策案について、当該政策により達成される効果を明確化する。その際、可能な限り、定量的なデータで示すこととするが、困難な場合は定性的な効果を示す。

ⅲ）政策案のプレゼン資料の作成、公表

　政策案について、対外的に公表する（打ち出す）プレゼン資料を作成する。当該プレゼン資料には、下記のような内容を盛り込み、わかりやすく効果的な資料作成を行う。公表については、対外的にアピール効果が高い

ようなタイミングの検討も行う。
　①政策の目的（背景、課題・問題点等も含め）
　②政策内容（政策の実施主体、対象者等。法律案・条例案の場合はその骨子、予算要求の場合は要求内容・事業規模等も。また、政策のイメージ図、事業例等も添付）
　③政策効果
　④今後のスケジュール・進め方

ⅳ）政策決定に向けた作業

　例えば、法律案であれば、国会による議決に向け、提出法案担当部局として必要なプロセス等を進める（第2章第2節（1）（86頁以降）参照）。条例案も同様である。

　なお、法律案、予算案等でないガイドラインなど情報提供手法等による政策は、行政主体だけで決定できる。

3　政策立案の具体例

　以下では、具体の政策・施策に即して、上記1及び2にそった検討の視点等を簡単に見ていくこととしたい。取り上げる政策・施策は、東日本大震災からの復興のため立案された施策例であり、その施策の前提となった問題は、次のようなものである。

　東日本大震災において発生した原発事故により、東京電力福島第一原子力発電所周辺の市町村においては、住民の当該市町村外への避難措置が取られたが、原発事故の一定の収束や除染の進展等による放射線量の低減により、一部の地域で住民の帰還が可能な状況になり、避難指示の解除等が検討段階に入ったが、実際には、住民の方々に帰還の意向があっても、病院、介護施設等が営業再開していないため、日常的な生活を安心して営むことができず、帰還したくても帰還できないという問題状況があったものである。

　以下、政策立案の検討過程を見ていくこととしたい。なお、当該施策については筆者も一部関係していたところであるが、ここでの記述は、筆者の視点による見方あるいは外部的な視点による分析（ofの知識）によるものであり、下記のような見解が公式に示されているものではないことに留意いただきたい。

(1) 政策課題の発見・設定

ⅰ) 政策課題の発生と発見

　この政策課題は、避難住民からの意見等を日頃から把握している地元市町村から復興庁に問題提起された現場発生的課題であるが、その前提として、現地の福島復興局やその支所、さらに復興庁本庁参事官等の日頃からの市町村訪問による復興庁と地元市町村との連携関係の構築や意思疎通があったことにもより課題が共有・発見されたものと考えられる。

ⅱ）新規政策

この問題に対応できる既存制度はなく、そのような既存制度がない部分をカバーする施策として検討が進められたものである。

ⅲ）公共的問題

表面的には、病院、介護施設等が、住民（施設利用者）が戻っていない状況で採算性の観点から営業再開していないという民間経営上の問題であるが、住民はそれら施設が営業再開しないと戻らないという（卵が先か、にわとりが先かというような）施設経営者と住民では解決できない問題でもあり、加えて、そもそもそのような問題が生じた原因は、原発事故によるものであり、（直接は事故の原因者である東京電力の問題であるとしても）原発施策を進めてきた国の責任もあり、さらに地域の復興、被災者支援という点もあり、公共的問題として対応すべき問題と考えられる。

ⅳ）国による政策対応

表面的には、特定の市町村において生じた問題であるが、上記のように、当該市町村に原因があって生じた問題でなく、原発施策を進めてきた国の責任として対応すべき問題と考えられる。

ⅴ）政策課題の確定

地域の復興や被災者支援のために優先的に行うべき政策課題として検討が進められた。

（2）政策立案

ⅰ）誘導手法を選択

病院、介護施設等が再開・新規立地するよう支援する誘導手法によるものとされた。

　（病院等へ再開を強制（規制手法）することは無理・不適当であり、また、行政による病院等の整備運営（直接供給手法）については、過渡

的に需給ギャップが生じているものであり、恒常的に行政で病院等を運営する状況でないことから、適当でないと判断された。）

ⅱ）政策案の検討

　病院等が再開・新規立地しない原因等をヒアリング等で調査し、その原因（採算性が合わない）を解決する方法として病院等の再開・新規立地への経済的支援を行うこととするが、その方法として、対象市町村の意見や事業者の意向等も踏まえ、市町村の関与の下での支援が検討された。その上で、具体には、市町村が土地造成をして病院等を誘致する際の市町村の負担について国として支援すること等を施策案の内容とすることとした。

　なお、あわせて当該市町村への住民の帰還等を促進するための政策（住民の放射線リスクへの不安を解消するような施策等）、さらに帰還可能となった市町村だけでなく、直ちに帰還ができない市町村への支援施策も含めて、全体のパッケージで政策案を取りまとめられた。

ⅲ）政策案のつめ・確定

　施策のメニュー、対象地域などを確定した上で、事業内容による予算規模等を勘案して、事業費等、政策内容を確定した。

　予算要求は平成24年度補正予算要求として行われた。

　政策案のプレゼン資料は、目的・政策内容・効果・事業費等を盛り込んだ下記（104頁）のようなものとしてまとめられている。

地域の希望復活応援事業

(福島原子力災害避難区域等帰還・再生加速事業費) (復興庁原子力災害復興班)

256億円【復興】
(24年度補正予算案:208億円、25年度政府予算案:48億円)

事業概要・目的

○ 東京電力福島第一原子力発電所事故からの復興・再生を加速するため、福島県の被災12市町村における避難解除区域の住民の帰還を促進するための取組や、直ちに帰還できない区域への将来の帰還に向けた荒廃抑制・保全対策を復興庁が前面に立って行います。

(参考)「福島復興再生基本方針」(抄)
第2部 避難解除等区域等の復興及び再生
(2)①国は、その推進してきた原子力政策の下、甚大な原子力災害の被害を受けることとなったこの区域全体が、再び人々が安全で安心して住むことができるようになり、帰還を望む者が皆帰還し、地域の将来を担う若い世代が帰還する意欲を持てるよう、責任を持って対応する。

資金の流れ

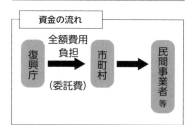

期待される効果

○ 原子力災害に遭った市町村への帰還の支援や直ちに帰還できない区域の荒廃抑制・保全対策を行うことにより、住民の帰還実現を後押しします。

事業イメージ・具体例

(1) 対象区域
・原子力被災12市町村
 田村市、南相馬市、川俣町、広野町、楢葉町、富岡町、川内村、大熊町、双葉町、浪江町、葛尾村、飯館村

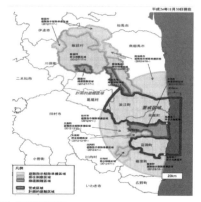

(2) 実施事業の例
①避難解除区域への帰還加速のための取組
★喪失した生活基盤施設の代替、補完
　区域内外の医療施設、高齢者福祉施設等の再開支援、交通支援、訪問サービス
★住民の安全安心の対策
　放射線リスクなどに関する対話集会等への支援
★地域コミュニティ機能の維持、確保
　住民への情報提供、自治会活動への支援　等
②直ちに帰還できない区域の荒廃抑制・保全
★荒廃抑制、保全対策
　火災防止のための除草、廃家屋の解体撤去、公共施設等の点検・メンテナンス
★住民の一時帰宅支援
　バスの運行、仮設トイレの設置　等

(出典:復興庁資料) (一部加工)

※ なお、この事業は、現在は福島再生加速化交付金に(一部)組み込まれており、上記の資料は現在は復興庁HPには掲示されていない。

● 参考

　政策立案の方法について、他の文献から、参考となると思われる内容を要約・整理して一部紹介しよう。文献は、ユージン・バーダック『政策立案の技法－問題解決を「成果」に結び付ける８つのステップ－』（東洋経済新報社 2012）である（著者はカリフォルニア大学バークレー校ゴールドマン公共政策大学院名誉教授）。

　まず、政策分析の８つのステップとして、①問題を定義する、②証拠を集める、③政策オプションを組み立てる、④評価基準を選ぶ、⑤成果を予測する、⑥トレードオフに立ち向かう、⑦決断、⑧ストーリーを語る、を挙げる。政策分析のステップとして紹介されているが、問題解決のプロセスともされ、政策立案のプロセスと理解できる。なお、８つのステップは正確にこの順番である必要はないとされている。

　次に、各ステップごとに内容・要素が解説されているが、以下では、それらの内容・要素で参考となると思われるポイントについて、同書を参考としながらも、一部筆者なりにアレンジして紹介する（同書の各要素の「標語」が大きく参考となると思われ、その標語は抜粋して基本的に活かしたまま、その標語に対応してヒントとなるような内容を括弧内に同書からあるいは（同書をベースに）筆者なりにアレンジしたものを記している。オリジナルな内容は同書を参照されたい）。

①問題を定義する
- 過不足を考える（「多すぎる」「遅すぎる」といった「〜すぎる」という点に問題が潜んでいる）
- 「問題」の中に解決案を埋め込まない（例えば、ホームレスのための避難所が少なすぎると問題を定義すると、「多くの避難所」が最も優れた解決案であることを示唆しており、ホームレスになるのを防ぐための方法を考えることを妨げており、ホームレスが多すぎるとした方がよいとされている）

②証拠を集める
- 集める前に集め方を考える（活用・整理できないような膨大なデータ集めに無駄な時間を浪費する落とし穴に気を付ける。価値のあるデータを目星を付けて集める）
- 早く始める（ヒアリング等では相手のスケジュールに左右されることを考慮しておく）

- 既存の文献を精査する、ベストプラクティス（成功事例）を調べる（問題の原因・解決策について、学問領域・専門家集団、他の政策立案者がこれまで取り組んでいないものはほとんど存在しない）
- アナロジーを使う（他の分野（民間等も含め）の類似の取組み、先進事例をヒントにする）

③**政策案を組み立てる**

- 政策案を1つに絞る必要はなく、連動した複数の政策案を含めてもよい
- 政策オプションの概念化（戦略の趣旨を一言で）、単純化（基本戦略と派生戦略（執行方法、財源調達方法）を分ける）を行う
- 連続の中の一点としての政策案を選ぶ（受容できる上限・下限を設定し、その中で一点を選ぶ）
- 政策案を設計する
  - 予算制約の中で考える
  - 賢く始める（最も自由度の低い要素から、最も強力な要素から、最も安定的な要素から、最も一時的でコストのかからない要素から始める）
  - 進めていく中で前提をチェックする
  - 安定的に機能するシステムを設計し、実際にうまく機能する戦略を計画する
  - 「患者」に対応するシステムを作る（問題の内容・原因を解決できる真にニーズのある政策案をつくる）
  - 友人、そして敵からの小さな手助け（組織内の協力、組織外からの意見を活用する）

④**評価基準を選ぶ**

- よく使われる評価基準（効率性（費用対効果分析、費用便益分析（B／C））、平等、公平、公正、正義、自由、コミュニティ、プロセス・手続の重視）
- 対立する評価基準を重み付けする（マイノリティ等を考慮した提案を行う、基本的権利への考慮）
- よく使われる現実的評価基準（適法性、政治的受容性、（現場での運用に耐える）安定性、改善可能性）

⑤**成果を予測する**

- 予測のロジックを拡張する（比喩を使用、現実性を説明、初期条件・基礎的事実の確認等）

- 定量的推計、損益分岐予測、感度分析
- 楽観視の回避、望ましくない副作用（モラルハザード、レントシーカー等）の回避
- 成果表（アウトカムマトリックス）の作成

⑥ トレードオフに立ち向かう
- サービス供給における便益とコスト、規制における社会的利益と私的費用
- 金銭的評価できない「多属的問題」
（「人の命にどれだけの価値があるのか」という質問に答える必要はなく、「人命を救うために〜の（統計的な）費用を支出する価値があるか」の判断）
- ベースケースを決める（政策を実施しない場合の将来の姿等と比較する）
- 最も見込みのある政策に「集中し、狭め、深める」

⑦ 決断
- 「20ドル札テスト」（それほど素晴らしい政策なら、なぜ今まで行われてこなかったかを再考。現状維持を目指す利害関係者の抵抗がないか再チェック等）

⑧ ストーリーを語る
- 「ベッシーばあさんのテスト」（ベッシーばあさんが眠ってしまう前に1分間で地に足のついた説明。専門知識を持たない一般人に理解できる簡素でわかりやすい説明）
- 相手に応じた説明（相手が専門家でない場合は発表の趣旨を明確にし、専門用語等に気を付ける）
- よくある失敗に気を付ける（8つのステップを厳密に守りすぎる、神経質にすべてを正当化する、すべての仕事・検討内容を披露する、政策オプションを説明することなく多く列挙、要点を話さず推論の根拠を長々と語る、誇大表現やジャーゴンを利用する。時間配分を考えて資料の量・話す量を決める。話していると基本的には予定より長くなってしまうことに留意）
- 報告書、発表資料の作成（要旨・目次、見出し、図表（番号、題名）、引用・出典、付録。図表も含め、伝えたい内容が簡潔にわかるように工夫）
- 説明用パワーポイントの作成（見える大きさで）

第Ⅱ部

個別行政分野編

第Ⅱ部では、7つの行政分野を取り上げ、政策内容の説明に加え、様々な異なる観点（法令解釈、個別運用、個別事業内容、実施組織・体制、事業効果、政策形成過程等）から行政活動の具体的内容を見ていく。
　加えて、政策がどのような経緯で策定され、また策定された政策がどのような事情・理由等があって変更されていったかを知ることは、政策（行政活動）の形成・変更の必要性　－逆にいうと政策へのニーズや政策の背景にある公共的問題－　を理解する上で重要であるので、政策（主に法律）の制定・改正の経緯についても紹介することとしたい。

　各政策に関するそれぞれの観点を整理しておくと、以下のようなものである。

<第1章　屋外広告物行政>
　屋外広告物行政の仕組み（法律と都道府県等の条例の関係等）、規制の具体的内容（都道府県等の条例・規則での詳細な基準の内容等）

<第2章　不動産行政>
　不動産行政を推進する組織（国・都道府県）と業務内容、規制法（宅地建物取引業法）の解釈・運用の具体的内容

<第3章　住宅行政>
　住宅政策における行政手法（直接供給、誘導（税優遇、補助金、ガイドライン））ごとの個別政策とその特徴

<第4章　都市行政>
　都市行政の中核である都市計画法の概観、実際のまちづくり事例（吉祥寺のまちづくりの計画内容、誘導方策、事業内容等）

<第5章　河川行政>
　河川行政における具体的事業の内容及び機能・役割、実施主体の組織体制等、河川事業の事業過程、河川法（「公物管理法」）の特色

<第6章　バリアフリー行政>
　バリアフリー行政全般の取組み、バリアフリー法の概観、（バリアフリー法の前身である）交通バリアフリー法等の政策策定過程

<第7章　地域の自主条例による政策　路上喫煙対策>
　先進自治体（千代田区）における条例による規制内容、規制とあわせた取組み、実施体制、効果、検討経緯等

第Ⅱ部　個別行政分野編

第1章 屋外広告物行政

　本章では、屋外広告物行政に関して、まず、第Ⅱ部の最初の章であることもあり、屋外広告物行政の根幹である「屋外広告物法」の条文に即して、規制法における規定の内容を見ていくこととしたい。加えて、規制の具体的内容を定める基準の内容等、政策の実施活動の内容を見ていくこととしたい。

1　屋外広告物法（昭和24年法律第189号）

　以下では、屋外広告物法の内容を見ていくこととしたいが、法律の全体像や個別の条項の規定ぶり・内容に慣れるためにも、少し分量が多いが（ただし行政法としては必ずしも多くない条文数である）、シンプルでわかりやすい内容の規制法であるので、条文をそのまま（一部の条項は省略）掲載する。なお、以下の記述は、国土交通省都市局公園緑地・景観課監修／屋外広告行政研究会編集『屋外広告の知識　第四次改訂版　法令編』（ぎょうせい　2013）〔以下『屋外広告の知識』という〕をベースにしている。

（1）屋外広告物法の全体像

　まず、法律の規定内容を把握するために、法律の全体像を見る。屋外広告物法は昭和24年に制定された法律で、全6章、条文でいうと全34条で構成されている。
　第1章は「総則」として、法律の目的や、法律における用語の定義が定められている。
　第2章は、「広告物等の制限」として、規制の内容（禁止、許可等）が

定められている。

そして、第3章では「監督」として、規制への違反に対する措置、第6章では「罰則」として、違反者への罰則が定められている。

また、第5章では「雑則」として、規制主体の特例が定められている。

（その他、第4章で「屋外広告業」として業規制があるが、ここでは割愛する。）

（2）屋外広告物法制定の趣旨

屋外広告物法は、旧広告物取締法（明治44年）を新憲法（昭和21年）及び地方自治法（昭和22年）の精神に照らして全面的に改めて制定されたものであるが、その制定の趣旨は、以下のようなものとされている。

すなわち、屋外広告物法は、従来国の事務とされていた広告物規制(※1)を、都道府県及び指定都市の事務として、条例で定めるところにより行うこととするとともに、従来は比較的広範な観点から規制されていた(※2)ものを、美観風致の維持及び公衆に対する危害の防止の観点に限定し、都道府県及び指定都市が条例を制定する場合の基準となる事項を定めるものとして制定されたものである。これは、第1に美観風致を維持するために直接に法律で全国一律の規制を行うことは妥当ではなく、第2に規制の実質を行政命令に包括的に委任することは国民の基本的人権を保障している新憲法の趣旨に添うものではなく、第3に機関委任事務として都道府県知事が都道府県議会の関与なしに規制を行うよりも、都道府県の事務として、都道府県の条例に基づいた規制を行う方が地方自治の本旨にかなうものであり、しかしながら第4に各都道府県の規制の内容があまりに異なるものとなってしまったのでは規制を受ける国民に不都合であるという考え方に基づいたものである。

屋外広告物の規制は、表示場所・箇所や表示方法等について規制を行うものであり、表示の内容に立ち入って規制を行うものではないが、基本的人権である表現の自由、営業の自由等に関連・影響するものであるため、上記のような考え方によったものと思われる（同法第29条でも、法律・条例の適用に当たって国民の政治活動の自由その他国民の基本的人権を不

当に侵害しないように留意しなければならない旨が定められている)。

※1　旧広告物取締法では、広告物の規制に関する事務は、国の事務とされ、規制の実質を包括的に行政官庁の命令に委任しており、これに基づいて実際には国の機関としての都道府県知事に委任され、知事が規則を定めて規制を行っていた。

※2　旧広告物取締法では、㋐美観風致の維持、㋑安寧秩序の維持、㋒善良風俗の保持、㋓危害防止の４つの観点から広告物の規制を行っていた。

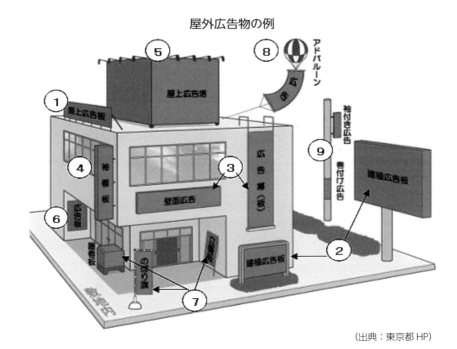

(出典：東京都HP)

屋外広告物法(昭和24年6月3日法律第189号)(抄)

第1章　総則

(目的)

第1条　この法律は、良好な景観を形成し、若しくは風致を維持し、又は公衆に対する危害を防止するために、屋外広告物の表示及び屋外広告物を掲出する物件の設置並びにこれらの維持並びに屋外広告業について、必要な規制の基準を定めることを目的とする。

(定義)

第2条　この法律において「屋外広告物」とは、常時又は一定の期間継続して屋外で公衆に表示されるものであつて、看板、立看板、はり紙及びはり札並びに広告塔、広告板、建物その他の工作物等に掲出され、又は表示されたもの並びにこれらに類するものをいう。

2　この法律において「屋外広告業」とは、屋外広告物(以下「広告物」という。)の表示又は広告物を掲出する物件(以下「掲出物件」という。)の設置を行う営業をいう。

第2章　広告物等の制限

(広告物の表示等の禁止)

第3条　都道府県は、条例で定めるところにより、良好な景観又は風致を維持するために必要があると認めるときは、次に掲げる地域又は場所について、広告物の表示又は掲出物件の設置を禁止することができる。

一　都市計画法(昭和43年法律第100号)第2章の規定により定められた第1種低層住居専用地域、第2種低層住居専用地域、第1種中高層住居専用地域、第2種中高層住居専用地域、景観地区、風致地区又は伝統的建造物群保存地区

二　文化財保護法(昭和25年法律第214号)第27条又は第78条第1項の規定により指定された建造物の周囲で、当該都道府県が定める範囲内にある地域、同法第109条第1項若しくは第2項又は第110条第1項の規定により指定され、又は仮指定された地域及び同法第143条第2項に規定する条例の規定により市町村が定める地域

三　森林法(昭和26年法律第249号)第25条第1項第11号に掲げる目的を達成するため保安林として指定された森林のある地域

四　道路、鉄道、軌道、索道又はこれらに接続する地域で、良好な景観又は風致を維持するために必要があるものとして当該都道府県が指定するもの

五　公園、緑地、古墳又は墓地

六　前各号に掲げるもののほか、当該都道府県が特に指定する地域又は場所

2　都道府県は、条例で定めるところにより、良好な景観又は風致を維持するために必要があると認めるときは、次に掲げる物件に広告物を表示し、又は掲出物件を設置することを禁止することができる。

一　橋りよう

二　街路樹及び路傍樹

三　銅像及び記念碑

四　景観法(平成16年法律第110号)第19条第1項の規定により指定された

景観重要建造物及び同法第28条第1項の規定により指定された景観重要樹木
　五　前各号に掲げるもののほか、当該都道府県が特に指定する物件
３　都道府県は、条例で定めるところにより、公衆に対する危害を防止するために必要があると認めるときは、広告物の表示又は掲出物件の設置を禁止することができる。

（広告物の表示等の制限）
第4条　都道府県は、条例で定めるところにより、良好な景観を形成し、若しくは風致を維持し、又は公衆に対する危害を防止するために必要があると認めるときは、広告物の表示又は掲出物件の設置（前条の規定に基づく条例によりその表示又は設置が禁止されているものを除く。）について、都道府県知事の許可を受けなければならないとすることその他必要な制限をすることができる。

（広告物の表示の方法等の基準）
第5条　前条に規定するもののほか、都道府県は、良好な景観を形成し、若しくは風致を維持し、又は公衆に対する危害を防止するために必要があると認めるときは、条例で、広告物（第3条の規定に基づく条例によりその表示が禁止されているものを除く。）の形状、面積、色彩、意匠その他表示の方法の基準若しくは掲出物件（同条の規定に基づく条例によりその設置が禁止されているものを除く。）の形状その他設置の方法の基準又はこれらの維持の方法の基準を定めることができる。

（景観計画との関係）
第6条　景観法第8条第1項の景観計画に広告物の表示及び掲出物件の設置に関する行為の制限に関する事項が定められた場合においては、当該景観計画を策定した景観行政団体（同法第7条第1項の景観行政団体をいう。以下同じ。）の前3条の規定に基づく条例は、当該景観計画に即して定めるものとする。

第3章　監督

（違反に対する措置）
第7条　都道府県知事は、条例で定めるところにより、第3条から第5条までの規定に基づく条例に違反した広告物を表示し、若しくは当該条例に違反した掲出物件を設置し、又はこれらを管理する者に対し、これらの表示若しくは設置の停止を命じ、又は相当の期限を定め、これらの除却その他良好な景観を形成し、若しくは風致を維持し、又は公衆に対する危害を防止するために必要な措置を命ずることができる。

２　都道府県知事は、前項の規定による措置を命じようとする場合において、当該広告物を表示し、若しくは当該掲出物件を設置し、又はこれらを管理する者を過失がなくて確知することができないときは、これらの措置を自ら行い、又はその命じた者若しくは委任した者に行わせることができる。ただし、掲出物件を除却する場合においては、条例で定めるところにより、相当の期限を定め、これを除却すべき旨及びその期限までに除却しないときは、自ら又はその命じた者若しくは委任した者が除却する旨を公告しなければならない。

３　都道府県知事は、第1項の規定による措置を命じた場合において、その措置を命ぜられた者がその措置を履行しないとき、履行しても十分でないとき、又は履行しても同項の期限までに完了する見込みがないときは、行政代執行法（昭和23年法律第43号）第3条から第6条までに定めるところに従い、その措置を自ら行い、又はその命じた者若しくは委任した者に行わせ、その費用を義務者から徴収することができる。

4　都道府県知事は、第3条から第5条までの規定に基づく条例（以下この項において「条例」という。）に違反した広告物又は掲出物件が、はり紙、はり札等（容易に取り外すことができる状態で工作物等に取り付けられているはり札その他これに類する広告物をいう。以下この項において同じ。）、広告旗（容易に移動させることができる状態で立てられ、又は容易に取り外すことができる状態で工作物等に取り付けられている広告の用に供する旗（これを支える台を含む。）をいう。以下この項において同じ。）又は立看板等（容易に移動させることができる状態で立てられ、又は工作物等に立て掛けられている立看板その他これに類する広告物又は掲出物件（これらを支える台を含む。）をいう。以下この項において同じ。）であるときは、その違反に係るはり紙、はり札等、広告旗又は立看板等を自ら除却し、又はその命じた者若しくは委任した者に除却させることができる。ただし、はり紙にあつては第1号に、はり札等、広告旗又は立看板等にあつては次の各号のいずれにも該当する場合に限る。

一　条例で定める都道府県知事の許可を受けなければならない場合に明らかに該当すると認められるにもかかわらずその許可を受けないで表示され又は設置されているとき、条例に適用を除外する規定が定められている場合にあつては当該規定に明らかに該当しないと認められるにもかかわらず禁止された場所に表示され又は設置されているとき、その他条例に明らかに違反して表示され又は設置されていると認められるとき。

二　管理されずに放置されていることが明らかなとき。

（除却した広告物等の保管、売却又は廃棄）

第8条　都道府県知事は、前条第2項又は第4項の規定により広告物又は掲出物件を除却し、又は除却させたときは、当該広告物又は掲出物件を保管しなければならない。ただし、除却し、又は除却させた広告物がはり紙である場合は、この限りでない。

2　都道府県知事は、前項の規定により広告物又は掲出物件を保管したときは、当該広告物又は掲出物件の所有者、占有者その他当該広告物又は掲出物件について権原を有する者（以下この条において「所有者等」という。）に対し当該広告物又は掲出物件を返還するため、条例で定めるところにより、条例で定める事項を公示しなければならない。

3　都道府県知事は、第1項の規定により保管した広告物若しくは掲出物件が滅失し、若しくは破損するおそれがあるとき、又は前項の規定による公示の日から次の各号に掲げる広告物若しくは掲出物件の区分に従い当該各号に定める期間を経過してもなお当該広告物若しくは掲出物件を返還することができない場合において、条例で定めるところにより評価した当該広告物若しくは掲出物件の価額に比し、その保管に不相当な費用若しくは手数を要するときは、条例で定めるところにより、当該広告物又は掲出物件を売却し、その売却した代金を保管することができる。

一　前条第四項の規定により除却された広告物　　2日以上で条例で定める期間
二　特に貴重な広告物又は掲出物件　　3月以上で条例で定める期間
三　前2号に掲げる広告物又は掲出物件以外の広告物又は掲出物件　　2週間以上で条例で定める期間

4　都道府県知事は、前項に規定する広告物又は掲出物件の価額が著しく低い場合において、同項の規定による広告物又は掲出物件の売却につき買受人がないとき、又は売却しても買受人がないことが明らかであるときは、当該広告物又は掲出物件を

廃棄することができる。
5　第3項の規定により売却した代金は、売却に要した費用に充てることができる。
6　前条第2項及び第4項並びに第1項から第3項までに規定する広告物又は掲出物件の除却、保管、売却、公示その他の措置に要した費用は、当該広告物又は掲出物件の返還を受けるべき広告物又は掲出物件の所有者等（前条第2項に規定する措置を命ずべき者を含む。）に負担させることができる。
7　第2項の規定による公示の日から起算して6月を経過してもなお第1項の規定により保管した広告物又は掲出物件（第3項の規定により売却した代金を含む。以下この項において同じ。）を返還することができないときは、当該広告物又は掲出物件の所有権は、当該広告物又は掲出物件を保管する都道府県に帰属する。

第4章　屋外広告業（略）

第5章　雑則

（特別区の特例）
第26条　この法律中都道府県知事の権限に属するものとされている事務で政令で定めるものは、特別区においては、政令で定めるところにより特別区の長が行なうものとする。この場合においては、この法律中都道府県知事に関する規定は、特別区の長に関する規定として特別区の長に適用があるものとする。

（大都市等の特例）
第27条　この法律中都道府県が処理することとされている事務で政令で定めるものは、地方自治法（昭和23年法律第67号）第252条の19第1項の指定都市（以下「指定都市」という。）及び同法第252条の22第1項の中核市（以下「中核市」という。）においては、政令で定めるところにより、指定都市又は中核市（以下「指定都市等」という。）が処理するものとする。この場合においては、この法律中都道府県に関する規定は、指定都市等に関する規定として指定都市等に適用があるものとする。

（景観行政団体である市町村の特例等）
第28条　都道府県は、地方自治法第252条の17の2の規定によるもののほか、第3条から第5条まで、第7条又は第8条の規定に基づく条例の制定又は改廃に関する事務の全部又は一部を、条例で定めるところにより、景観行政団体である市町村又は地域における歴史的風致の維持及び向上に関する法律（平成20年法律第40号）第7条第1項に規定する認定市町村である市町村（いずれも指定都市及び中核市を除く。）が処理することとすることができる。この場合においては、都道府県知事は、あらかじめ、当該市町村の長に協議しなければならない。

（適用上の注意）
第29条　この法律及びこの法律の規定に基づく条例の適用に当たつては、国民の政治活動の自由その他国民の基本的人権を不当に侵害しないように留意しなければならない。

第6章　罰則

第30条～第33条　（略）〔屋外広告業（登録試験機関）関係〕
第34条　第3条から第5条まで及び第7条第1項の規定に基づく条例には、罰金又は過料のみを科する規定を設けることができる。

(3) 屋外広告物法の具体的内容

以下、各条文を解説することとする。第Ⅰ部で説明した規制手法（禁止・許可）やその実効性確保措置が実際にどのように規定されているか、また規定がどのような趣旨で、どのように解釈すべきか、各規定がどのように全体として関係しているのか等について理解されたい。

ⅰ）目的（第1条）

法律の第1条には、一般的に当該法律の目的規定が置かれる（古い法律は置かれていないこともある）。

ア）同法第1条では、2つのことが規定されている。まず、前半の「良好な景観を形成し、若しくは風致を維持し、又は公衆に対する危害を防止するため」という部分が、本来のこの法律の目的である。

次に、後半の「屋外広告物の表示及び屋外広告物を掲出する物件の設置並びにこれらの維持並びに屋外広告業について、必要な規制の基準を定める」という部分が、この法律の目的を達成するための第2章以下で規定される手段・措置（規制法であるので規制の内容）が規定されている。

> ● 参考
>
> ここで、若干、法律用語（特によく登場する用語）について説明しておきたい。
>
> 上記の規定で、「若しくは」と「又は」、「及び」と「並びに」の用例であるが、「A若しくはB又はC」という場合、「（A若しくはB）又はC」という関係になり、AとBが同じ次元・種類のもので同列で1つの小グループをなし、それと違う次元・種類のCが別グループとして同列で並んでいるということ（対象がAとBの2つの場合は、同じ次元・種類のもの、あるいは別の次元・種類のものであっても「A又はB」と「又は」でつなぐ）で、屋外広告物法第1条の条文で見ると、「良好な景観を形成」と「風致を維持」という風景面での目的と、「公衆に対する危害を防止」という安全面での別の次元・種類の目的があるということを表現している。
>
> 「A及びB並びにC」も同様に「（A及びB）並びにC」という関係で、「及

> び」が小グループの中で用語をつなぐ用語、「並びに」がグループをつなぐ用語となっている。
> 　もう1つ加えておくと、「その他」と「その他の」は意味が異なるものとなり、「A、Bその他C」となると、A、B、Cの3つの単純な並列となるが、「A、Bその他のC」となるとA、BはCに含まれる例示のものという位置付けになり、屋外広告物法第2条第2項の「広告塔、広告板、建物その他の工作物」では、広告塔、広告板、建物は工作物の中に含まれる例示のものとして挙げられているということになる。
> 　なお、さらに付言すると、各条の中にある「2」等の数字は「第2項」等、「一」等の漢数字は「第1号」等と表記し、例えば、「屋外広告物法第3条第2項第1号に規定する橋りよう」というように表記する。
> 　その他、詳しくは法律用語集などを参照されたい。

イ）そこで、屋外広告物法の本来の目的である「良好な景観を形成し、若しくは風致を維持し、又は公衆に対する危害を防止する」ことに関して見ると、同法には、①良好な景観の形成又は風致の維持、②公衆に対する危害の防止、という2つの目的があることがわかる。

　この目的のために、屋外広告物法では、屋外広告物の表示等についての規制（禁止、許可等）の内容を定めるものであるが、そのように屋外広告物について規制を行うのは、次のような理由によるものである。すなわち、例えば、飲食店の経営者が自らの飲食店の建物の屋上に「○○食堂」という看板を設置することについて、都道府県知事の許可を得る必要があったり、場合によっては看板の設置が禁止されるものであり、営業の自由あるいは所有権への制限になるものであるが、それはこのような広告物が土地・建物所有者の自由に表示され、乱立したり、あるいはしっかり固定されないで設置されたりすると、景観や風致を害したり、倒壊等により公衆に危害を及ぼすおそれがあるため、規制に係らしめているものである。すなわち、良好な景観の形成又は風致の維持や公衆の安全の確保という公共的目的のために、私的活動への規制が行われているものである。

ウ）次に、同条において特徴的で重要な点は、同法は「必要な規制の基準を定める」ものとしている点であり、前記（2）でも述べたところであるが、屋外広告物の規制は、都道府県及び指定都市等において、

それぞれの地域の特性に応じて行われるべきものであり、同法は、その規制の基準、すなわち規制の最高限度としての枠を定めているにすぎないことを示していることである。この点に関して、屋外広告物に関して同法で定める基準を超えての厳しい規制をすることは許されないと解されている。すなわち、上乗せ条例（80頁参照）は認められないとされているところである。

ⅱ) 定義（第2条）

法律の第2条では、一般的に定義規定が置かれる（ただし、第2条で法律の理念等が置かれる場合もある）。

同法第2条第1項では、「屋外広告物」の定義がされている。「屋外広告物」に該当し、規制の対象となるか否かは重要な点であることから、その範囲が定義されているものである（特に規制違反は罰則の対象とされ得るため、この定義は犯罪の構成要件に当たるものとなる）。その解釈・運用に関しては、下記（5）で詳しく記す。

ⅲ) 規制の内容

ア) 同法第2章（第3条〜第6条）で「広告物等の制限」として屋外広告物に関する規制の内容が定められている。

第3条では、都道府県は、条例で、一定の地域・場所又は物件について広告物の表示等を禁止することができる旨が定められている（第1・2項は、景観・風致目的のための禁止、第3項は安全目的のための禁止と、その趣旨を異にしている）。なお、第3条第1・2項の景観・風致目的のための禁止は、条文上、地域・場所又は物件を限定して禁止することが予定されていることから（第3条第3項及び第4条はそのような限定はされていない）、景観・風致目的で都道府県全域など広域にわたって屋外広告物の表示等を禁止することはできないと解されている。

第4条では、都道府県は、条例で、広告物の表示等について許可制とすることその他必要な制限をすることができるとされている（その他の制限としては、届出制等が考えられる）。

第5条では、都道府県は、条例で、広告物の形状、面積、色彩等の表示等の方法について具体的な基準を定めて直接に規制することができることとされている。

　第6条は、景観法との調整規定であり、景観法の景観計画に広告物の表示等の制限に関する事項が定められた場合において、二重規制を排除するため、具体の屋外広告物の規制については、屋外広告物法に基づく屋外広告物条例により行う旨を定めたものである（景観法・同法施行令の側でも屋外広告物条例の規定に適合する屋外広告物の表示等は景観法の規制の適用除外として整合性を図っている）。

イ）第3章（第7・8条）では「監督」として、規制の実効性確保措置、すなわち、第2章で定めた屋外広告物に関する規制に違反した場合の是正措置を定めている。

　第7条第1項では、都道府県知事は、条例で定めるところにより、広告物の表示等の停止、広告物等の除却その他必要な措置を命ずることができるとされている（その他の措置としては、改修、移転、許可の取消し等が考えられる）。また、第7条第3項では、違反者が義務を履行しないときは、行政代執行法により代執行ができること、第7条第2項では、違反者が確知できない場合に、原則として代執行法で必要とされている戒告等の手続を要しないで代執行ができること（いわゆる略式代執行）が定められている。

　さらに、第7条第4項では、違反広告物等が、はり紙、はり札等、広告旗又は立看板等の簡易な広告物等であるときは、違反者がわかっている場合でも、一定の要件(※)の下、行政代執行法によらず除却できる措置（通称「簡易除却」と呼ばれている）が特別に設けられている。

　　※　はり紙については㋐、はり札等、広告旗又は立看板等については㋐㋑の要件を満たす場合
　　　㋐条例に明らかに違反して表示され又は設置されていると認められるとき等
　　　㋑管理されずに放置されていることが明らかなとき

　また、第8条では、略式代執行又は簡易除却により除却した広告物等については、はり紙を除き保管しなければならないことが、また保管した広告物等の返還、売却、廃棄、除却等に要した費用負担等について、定められている。

ウ）第6章では、規制に違反した場合の罰則に関する定めが置かれており、第34条で、屋外広告物条例には、罰則としては罰金又は過料のみを科する規定を設けることができるものとされている。

ⅳ）規制主体

第5章（第26条～第28条）では、都道府県の事務とされている屋外広告物行政（の一部）を、指定都市の区域にあっては指定都市が、中核市の区域にあっては中核市が行うこと、また景観行政団体等である市町村については都道府県が条例で定めるところにより当該市町村が屋外広告物行政を行うこととすることができることを定めている。

（なお、第28条については、同条の政令が未制定であるため、同条の規定は実際には動いていない（ただし、東京都は、同条によらず、地方自治法第252条の17の2に基づき、屋外広告物の事務の一部を特別区に移譲している）。）

（4）制定及び主な改正の経緯

（『屋外広告の知識』をベースにして作成した。）

＜制定（昭和24年）＞
　　旧広告物取締法（明治44年）が新憲法等の精神に照らして全面的に改められて制定された。

＜第1次改正（昭和27年）＞
　　公告を前提とする略式代執行の規定等が追加された。

＜第2次改正（昭和38年）＞
　　違反はり紙について違反の現状等を勘案して行政代執行によらないで速やかに除去できる簡易除却措置の規定が追加された。

＜第3次改正（昭和48年）＞
　　簡易除却措置をはり札及び立看板についても認めるとともに、屋外

広告業の届出制度を条例で創設することができることとされた。

＜第4次改正（平成16年）＞

簡易除却措置について対象ののぼり旗等への拡大と要件の緩和が行われるとともに、許可対象区域が全国へ拡大され、景観行政団体である市町村が屋外広告物条例を制定することが可能となり、さらに屋外広告業について登録制が導入された。
〔景観法の施行に伴う関係法律の整備等に関する法律による改正〕

（5）法令の解釈・運用

以下では、法律制度という政策の実施の1つである法令解釈について、同法の適用の対象となる「屋外広告物」の定義の解釈の内容を見てみることとしよう。

まず、屋外広告物法第2条第1項を見ると、屋外広告物に該当するためには、次の4つの要件のすべてを満たしている必要がある。

①常時又は一定の期間継続して表示されるものであること
②屋外で表示されるものであること
③公衆に表示されるものであること
④看板、立看板、はり紙及びはり札並びに広告塔、広告板、建物その他の工作物等に掲出され、又は表示されたもの並びにこれらに類するものであること

それぞれの要件から、次のように規制対象である「屋外広告物」の範囲が決まってくる。

①の要件は、定着して表示されるものに限る趣旨であるとされ、街頭で配布されるビラ、チラシは屋外広告物に該当しない。他方、スタンド式広告等の可動式広告や、自動車、電車等の車体に表示される広告物、屋外に設置されたラックに差し込んで表示される広告物は、屋外広告物に該当する。また、建物の外壁等に光を投影することによって表示する広告は、時間的に夜に限られるものの、「一定の期間継続して」表示されるものとして屋外広告物に該当する（なお、有体物に投影しない単に光のみのものは

屋外広告物に該当しない）とされている。

　②の要件は、その広告物が建築物等の外側にあることを必要とし、屋外にいる不特定多数の公衆に対して表示されるものであっても、屋内に存在する広告物であれば、屋外広告物の規制の対象とならないという趣旨であるとされ、商店等の（建物の内側に設けられた）ショーウインドー内に表示される広告物は屋外広告物に該当しない。なお、地下道や地下街の（一般公衆の用に供される）地下歩道に表示される広告物は（地下の工作物の外側に表示されるものとして）屋外広告物に該当し得るものとされている。

　③の要件は、単に「不特定多数の者に対して表示する」という意味ではなく、屋外広告物法の趣旨に照らして、建物等の管理権等から総合的に判断すべきとされ、例えば、建物の外側に表示されているようなものであっても、その建物が閉鎖的な中庭を有しており、その中庭に向かって表示される広告物や、駅の改札の内側の人に対して表示されている改札内の内側にある広告物は、いずれも屋外広告物に該当しない。他方、駅の改札の内側の人に対して、駅の外側から表示した広告物は屋外広告物に該当する。

　なお、「公衆に表示される」といい得るためには、そこに一定の観念、イメージ等が表示されることが必要で、何らの観念、イメージ等も表示されていないものは屋外広告物に該当しないとされ、建築物の外側の絵画は（一定の観念等を伝達することを目的として「公衆に表示」されていると認められ）屋外広告物に該当するが、ベニヤ板等にペンキ等を塗りたくってあるもので絵画とは認められないようなものは（一定の観念等を表示しているものとは認められず）屋外広告物には該当しないとされている。

　④の要件のうち、「その他の工作物等」とは、元来広告物の表示又は掲出の目的を持ったものでない煙突や塀のようなもの、さらに工作物といえないような岩石や樹木等を意味し、これらを利用した広告物も屋外広告物に該当する。なお、音響による広告は、④の要件を満たしておらず、屋外広告物に該当しない。

　このように、社会経済活動の一環として広告物の表示等が行われる中で、上記に挙げた事例はその一端にすぎないが、様々な場面で、屋外広告物行政の担当部署において屋外広告物法・屋外広告物条例に該当するか否かの解釈・運用を行う必要があることが理解できると思われる。逆にいうと、

このような様々な広告物の表示等を想定しながら、屋外広告物法・屋外広告物条例により、良好な景観の形成や風致の維持等の目的のために、「屋外広告物」として、どのような範囲のものを規制の対象とすることが適当であるかを判断した上で、規制対象としての「屋外広告物」の定義を同法第2条第1項のように定めているものであり、政策立案（立法）の内容を理解する上でも上述のような事例を知ることは必要かつ有用であると思われる。

2　規制の具体的内容

　上述したように、屋外広告物の規制の内容は、都道府県が、条例により定めることとなっている。そこで実際の規制の詳細な内容、さらに事務処理の体制を、東京都における屋外広告物行政を例として、見ていくこととしたい。なお、東京都における屋外広告物行政の担当部署は、都市整備局都市づくり政策部緑地景観課（屋外広告物担当）である。

（1）東京都における屋外広告物行政

ⅰ）規制の内容

　東京都における屋外広告物行政の内容は、東京都屋外広告物条例（昭和24年8月27日条例第100号）〔以下「都条例」という〕、東京都屋外広告物条例施行規則（昭和32年10月22日規則第123号）〔以下「都規則」という〕、（区域等の）指定告示によって定められている。

　都条例は全71条及び別表（1つ）、都規則は全41条並びに別表（4つ）及び別記様式（41個）からなっている。

　都条例は、屋外広告物法に基づき、第2章として「広告物等の制限」の章を設け、禁止区域（第6条）、禁止物件（第7条）、許可区域（第8条）、規制の適用除外広告物（第13条～17条）、禁止広告物等（第19条）、規格の設定（第21条）等の規定を置き、また第3章（「広告物等の許可」）で許可申請手続等の規定を置き、第4章（「監督」）で監督処分の内容等を定めている（その他、屋外広告業、東京都広告物審議会、雑則、罰則の章が設けられている。なお、条例における屋外広告物の定義は、屋外広告物法の定義によっている）。

　規制の詳細な内容等は、都条例の各条項に基づく都規則により定められている。例えば、都条例第13条第5号で規定されている禁止区域等でも出すことが認められている自家用広告物は、「規則で定める基準」に適合しなければならない旨が定められており、その基準は都規則第12条第1項第5号で規定され、その具体的内容は同規則別表第2に定められている。

　東京都における屋外広告物規制の内容は、都条例と都規則を細かく見て

いくとわかるが、法令になれない者等が簡単に理解することは難しく（法令にある程度なじみがある者でも手間のかかる作業である）、規制の実効性確保の観点からも、それらをわかりやすく周知等することが必要であることから、通常は、条例・規則等の内容をわかりやすくまとめたパンフレット等が用意されており、東京都の場合も、「屋外広告物のしおり」（平成26年7月　東京都）が作成されている（東京都のHPでも閲覧、印刷可能）。

　（これを屋外広告物行政の担当部署・担当者など行政に携わる者の点から見ると、条例・規則等の全体を把握した上で、このようなパンフレットを作成したり、必要に応じて規則の改正（場合によっては条例の改正）などを行うことも、業務の1つとしてあるということである。）

　そこで、規制の具体的内容がどのようなものか（の一端を）理解するためにも、以下、その「しおり」にそって、屋外広告物規制の内容を見ていくこととしたい。

> 東京都の屋外広告物規制の概要をあらかじめ見ておくと、以下のような内容になっている。
> ・屋外広告物の表示等が原則として禁止される地域を禁止区域として定めるほか、さらに表示等を原則として禁止する物件を禁止物件として指定し、重点的に良好な景観の形成等を行っている。また、これら禁止区域や禁止物件に該当しない場合でも、都内のすべての区、市や町等の区域内は許可区域とし、屋外広告物を表示等するためには、原則として許可を必要としている。
> ・ただし、屋外広告物の概念は、非常に広く、表札のようなものまで含まれるので、以上の禁止等のみでは社会の実態に適合しないため、表札のような自己の氏名等を示す自家用広告、道標・案内板等について適用除外制度を設け、一定の屋外広告物については、禁止区域、禁止物件、許可区域の規制の全部又は一部の適用を除外している。
> ・また、表示等が可能となる場合でも、広告物の種類に応じて表示面積、高さ等の限度について、守るべき具体的な規格を定めている。

ア 禁止区域・禁止物件 （都条例第6条・7条）

禁止区域や禁止物件は、下記の表の左欄のとおりとなっている。

禁止区域等でもすべての広告が禁止されているのではなく、一定の要件を満たせば出せる「適用除外広告物」が定められている（適用除外広告物にも、許可が必要なものと許可申請なしでも出せるものがある）。

例えば、第1種・第2種低層住居専用地域においては、一定の自家用広告物等を除き原則として広告物の表示等が禁止されている。

区分	禁止区域・禁止物件	主な適用除外広告物	
	禁止されている地域・場所の例	許可を受けて出せる広告物	許可のいらない広告物
禁止区域	○ 第1種・第2種低層住居専用地域 ○ 第1種・第2種中高層住居専用地域 ○ 特別緑地保全地区 ○ 景観地区のうち知事が指定する区域 ○ 旧美観地区＊、風致地区（知事の指定により出せる場所あり） ○ 保安林 ○ 文化財保護法の建造物及びその周囲 ○ 歴史的又は都市美的建造物及びその周囲、文化財庭園等の周囲 ○ 墓地、火葬場、葬儀場、社寺、教会 ○ 国、公共団体の管理する公園、緑地、運動場、動物園、植物園、河川、堤防敷地、橋台敷地 ○ 国立公園・国定公園・都立自然公園の特別地域 ○ 学校、病院、公会堂、図書館、博物館、美術館、官公署等の敷地 ○ 道路、鉄道及び軌道の路線用地及びそれに接続する地域で、知事の定める地域 ○ 前記に掲げるものの他、別に知事が定める地域	○ 自家用広告物で条件にあうもの（次ページ参照） ○ 道標・案内図板等の広告物で、公共的目的をもって表示するもの ○ 電柱等を利用し公衆の利便等の用に供するもの ○ 知事が指定した専ら歩行者の一般交通に供する道路に表示するもの ○ 規則で定める公益上必要な施設又は物件に表示するもの	○ 自家用広告物で条件にあうもの（次ページ参照） ○ 他の法令の規定により表示するもの等 ○ 国又は公共団体が公共的目的をもって表示するもの ○ 公益を目的とした集会や催し物等のために表示するはり紙、はり札等、広告旗、立看板等、広告幕及びアドバルーン ○ 自己の管理する土地等に管理上必要な事項を表示するもの ○ 冠婚葬祭や祭礼のためのもの
禁止物件	禁止されている物件の例		
	○ 橋、高架道路、高架鉄道及び軌道 ○ 道路標識、信号機、ガードレール、街路樹 ○ 郵便ポスト、公衆電話ボックス、送電塔、テレビ塔、照明塔、ガスタンク、水道タンク、煙突、無線塔、吸排気塔、形像、記念碑 ○ 石垣、がけ、土手、堤防、よう壁 ○ 景観重要建造物、景観重要樹木 ○ その他知事の指定物件（パーキングメーター等）		
	はり紙、はり札等、広告旗又は立看板等のみが禁止されている物件		
	○ 電柱、街路灯柱、消火栓標識 ○ アーチ・アーケードの支柱		

※ 景観法の施行に伴う関係法律の整備等に関する法律（平成16年法律第111号）第1条の規定による改正前の都市計画法第8条の規定により定められた美観地区（以下同じ）

イ　自家用広告物の適用除外（都条例第 13 条〜 17 条、都規則第 12 条〜 18 条及び別表第 2）

　自己の氏名、店名等を表示するため自己の住所、営業所等に表示する「自家用広告物」については、禁止区域や許可区域であっても、下記の表のとおり、許可のいらない面積の範囲内で、禁止事項に当たらなければ、申請なしで出すことができる（許可のいらない面積を超えた場合、許可区域内は許可の一般規格に合えば申請でき、禁止区域内では下記の表の右欄の合計面積までは許可を受けて出すことができる。）

　例えば、第 1 種・第 2 種低層住居専用地域においては、5 ㎡以下の自家用広告物は許可申請する必要なく表示でき、5 ㎡を超え 20 ㎡以内の自家用広告物は許可を受ければ表示できるが、20 ㎡を超えると自家用広告物でも表示できない。

自家用広告物の適用除外基準（ 許可区域 及び禁止区域内）

地域・地区等	禁止されている事項	※路線用地やこれに接続する禁止区域内の禁止事項	許可がいらない合計面積	禁止区域内において許可のできる合計面積の限度
1 第1種・第2種低層住居専用地域 　第1種・第2種中高層住居専用地域 2 風致地区 3 特別緑地保全地区 4 国立公園、国定公園、都立自然公園の特別地域 5 第1種文教地区 6 保安林	○ 屋上への取り付け ○ 壁面からの突出 ○ ネオン管の使用	○ 光源の点滅 ○ 赤色光の使用（表示面積の1/20以下は使用できる。この表において以下同じ。）	合計が5㎡以下	合計が20㎡以下 （ただし、学校及び病院は50㎡以下） （事業・営業内容を含めることはできません。）
7 文化財保護法により指定された建造物及びその周辺、歴史的・都市美的建造物及びその周囲並びに文化財庭園など歴史的価値の高い施設の周辺地域で知事の定める地域	○ 屋上への取り付け ○ 光源の使用 ○ 高彩度の色彩の使用	○ 光源の点滅 ○ 赤色光の使用 ○ 露出したネオン管	上記1から6及び8の地域内合計が5㎡以下 上記9から13の地域内合計が10㎡以下	
8 全域	橋、高架道路・高架鉄道及び軌道、石垣等からの突出		合計が5㎡以下	
9 第2種文教地区		○ 光源の点滅 ○ 赤色光の使用	合計が10㎡以下	
10 第1種・第2種住居地域、準住居地域、近隣商業、商業、準工業、工業、工業専用地域 11 都市計画区域のうち用途地域の未指定地域		○ 光源の点滅 ○ 赤色光の使用 ○ 露出したネオン管の使用		
12 上記10の地域内旧美観地区 13 上記10の地域内の東京国際空港用地、新宿副都心地区	○ 屋上への取り付け ○ 光源の点滅 ○ 赤色光の使用 ○ 露出したネオン管の使用			

ウ　広告物の規格（都条例第21条、都規則第19条及び別表第3・第4）

　許可が必要なものはもちろん、適用除外等により許可申請なしで出すことのできる広告物についても守らなければならない基準が定められている。以下の例のように、具体的・詳細な基準が定められている。また、（移動する）車体に出す広告物も屋外広告物条例の規制の対象とされている。

鉄筋コンクリート造、鉄骨造等の建築物の屋上に設置する広告物

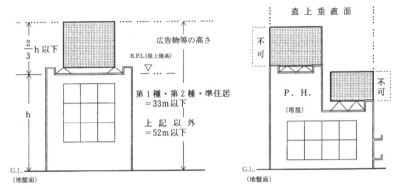

*建築物の壁面の直上垂直面から突出して設置はできない

建築物の壁面を利用する広告物

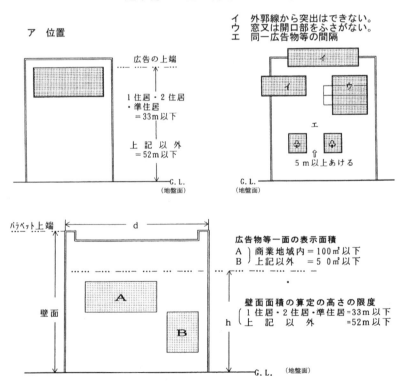

2 規制の具体的内容　133

電車又はタクシーの車体の外面を利用する広告物

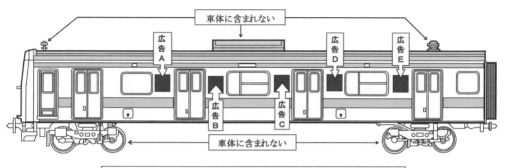

$A + B + C + D + E = （車体一面の面積） \times (1/10)$ 以下

※表示面積の算定にあたっては、電車のボディー（台車、上部の換気口の突起、パンタグラフ等はボディーに含まれない。）を前・後・左・右・上・下に分け、丸みがかった部分は、どちらかと一体と考える。

＊車体の1つの外面における広告物等の表示面積の合計は、原則として、当該外面面積の10分の1以下とする。

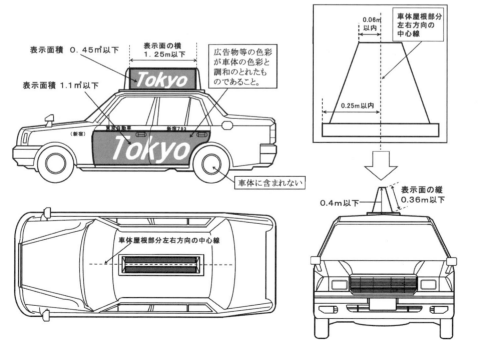

ii）許可等の事務処理の体制

　屋外広告物の許可等の事務は、特別区や市町村に一部委譲され、それらの特別区や市町村が一部を処理している。

　（地方自治法第252条の17の2（条例による事務処理の特例）、特別区における東京都の事務処理の特例に関する条例（平成11年12月24日条例第106号）、市町村における東京都の事務処理の特例に関する条例（平成11年12月24日条例第107号）による都知事の権限に属する事務の一部の区・市町村の事務処理の特例の規定による。）

　具体的には、以下のような事務処理の分担となっている。

表示・提出する場所	表示・提出するもの	担当
23区内	許可が必要なすべての広告物等	区
島しょ地区内	許可が必要なすべての広告物等	都（支庁）
市及び瑞穂町の区域内	①電柱利用の広告物等 ②標識利用の広告物等 ③車体利用の広告物等 ④表示・設置届が必要な場合	都（多摩建築指導事務所）
	①〜④以外の広告物	市・瑞穂町
多摩地区の町村の区域内 （瑞穂町を除く。）	許可が必要なすべての広告物等	都（多摩建築指導事務所）

（2）その他の地方公共団体における屋外広告物行政の概要

　屋外広告物は、都道府県等の条例・規則で規制内容が決められるため、各都道府県等でそれぞれの地域の実情等に応じた規制が行われている。
　例えば、京都市では、良好な景観形成や安全性確保のため、右記のように、屋上広告物、点滅式照明等を禁止している。

屋上屋外広告物については表示等ができません。

　良好なスカイラインを形成し、美しい都市景観を創出していくため、屋上に設置する屋外広告物を市内の全域で禁止しています。

点滅式照明・可動式照明の使用はできません。

　点滅式照明や可動式照明＊は、安全等のために警告や注意を促す照明と混同するおそれがあります。また、刺激的で強い光を放つなど、都市の景観に支障をきたすため、屋外広告物への使用を市内の全域で禁止しています。

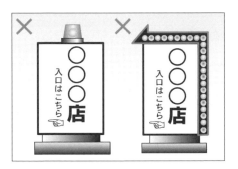

＊可動式照明：回転灯等、照射する光が動くもの　　　（出典：京都市 HP）

第2章 不動産行政

　本章では、行政活動がどのような組織・体制の下で進められているかを知るために、不動産行政に関して、担当する関係部署と業務内容に着目するとともに、不動産行政の中核をなす規制手法による法制度である「宅地建物取引業法」に関して、規制法の具体的内容や、法令解釈・運用の実際について見ていくこととしたい。

1　不動産行政の関係部署及びその事務の内容

　不動産行政は、主に国と都道府県の関係部署により行われている。

(1) 国の関係部署

ⅰ) 本省

　不動産行政に関しては、国土交通省設置法（平成11年法律第100号）により、国土交通省の所掌事務の1つとして、「不動産業の発達、改善及び調整並びに不動産取引の円滑化及び適正化に関すること」が定められ（同法第4条第13号）、国土交通省組織令（平成12年政令第255号）により、同省の土地・建設産業局に不動産業課と不動産市場整備課が置かれ（同令第71条）、不動産業課の所掌事務として、「不動産業の発達、改善及び調整並びに不動産取引の円滑化及び適正化に関する事務」（同令第77条）、不動産市場整備課の所掌事務として、「不動産市場の整備」及び「土地に関する情報の収集、分析及び提供」に関する事務（同令第78条）が定められている（なお、国土交通省組織規則（平成13年国土交通省令第1号）

により、不動産業課に不動産業指導室、不動産業政策調整官、不動産業監視官が、不動産市場整備課に不動産投資市場整備室、不動産市場企画調整官を置くことが定められ、それぞれの事務も定められている）。

このように、国の行政機関においては、各府省の設置法・組織令・組織規則により、当該行政の担当部署、当該担当部署の所掌事務が定められる。この所掌事務の範囲内で、各担当部署が、それぞれの行政活動を行う。

具体的には、不動産市場整備課では、不動産特定共同事業法、Ｊリート等不動産投資に関する業務等を中心に担当している。不動産業課については、下記2において述べる。

ⅱ) 地方支分部局

国土交通大臣が行う免許等の事務は、各地方ブロックごとに設けられた国土交通省地方整備局で行うこととなっており、例えば、関東ブロックにおいては、関東地方整備局建政部建設産業第二課が担当している。

（2）都道府県の関係部署

下記の表のように、各都道府県に宅地建物取引業の免許事務等を担当する部署が設けられている。

建設、土木、都市、建築関係の部の建築、住宅関係の課に置かれることが多いが、宅建業者数に応じた業務量の差異等により、各都道府県により職員体制等も異なっており、東京都のように1つの課がある場合は珍しく、課内の係、グループ等で担当する場合が多い。

北海道	建設部　住宅局　建築指導課　管理指導グループ	滋賀県	土木交通部　住宅課　管理担当
青森県	県土整備部　建築住宅課　住宅政策グループ	京都府	建設交通部　建築指導課　宅建業担当
岩手県	県土整備部　建築住宅課　公共住宅担当	大阪府	住宅まちづくり部　建築振興課　宅建業指導グループ
宮城県	土木部　建築宅地課　調整班	兵庫県	県土整備部　まちづくり局　都市政策課　土地対策班
秋田県	建設部　建築住宅課　建築物安全安心推進班	奈良県	県土マネジメント部　まちづくり推進局　建築課　総務宅建係
山形県	県土整備部　建築住宅課　住まいづくり支援担当	和歌山県	県土整備部　都市住宅局　公共建築課　指導班
福島県	土木部　建築指導課　指導審査担当	鳥取県	生活環境部　くらしの安心局　住まいまちづくり課
茨城県	土木部　都市局　建築指導課　監察・免許担当	島根県	土木部　建築住宅課　住宅企画グループ
栃木県	県土整備部　住宅課　宅地指導担当	岡山県	土木部　都市局　建築指導課　街づくり推進班
群馬県	県土整備部　監理課　宅建業係	広島県	土木局　建築課　宅建業グループ
埼玉県	都市整備部　建築安全課　宅建相談・指導担当	山口県	土木建築部　住宅課　民間住宅支援班
千葉県	県土整備部　建設・不動産業課　不動産業班	徳島県	県土整備部　住宅課　建築指導室　指導・宅建担当
東京都	都市整備局　住宅政策推進部　不動産業課	香川県	土木部　住宅課　総務・宅地建物指導グループ
神奈川県	県土整備局　事業管理部　建設業課　宅建指導グループ	愛媛県	土木部　道路都市局　建築住宅課　宅地建物指導係
新潟県	土木部　都市局　建築住宅課	高知県	土木部　住宅課
富山県	土木部　建築住宅課　管理係	福岡県	建築都市部　建築指導課
石川県	土木部　建築住宅課　建築行政グループ	佐賀県	県土づくり本部　建築住宅課　総務宅建担当
福井県	土木部　建築住宅課　住宅計画グループ	長崎県	土木部　建築課　宅地指導班
山梨県	県土整備部　建築住宅課　宅建業担当	熊本県	土木部　建築住宅局　建築課　宅地指導班
長野県	建設部　建築住宅課　建築技術係	大分県	土木建築部　建築住宅課　管理・ニュータウン班
岐阜県	都市建築部　建築指導課　企画宅建係	宮崎県	県土整備部　建築住宅課　宅地審査担当
静岡県	くらし・環境部　建築住宅課　住まいづくり課	鹿児島県	土木部　建築課
愛知県	建設部　建設業不動産業課　不動産業グループ	沖縄県	土木建築部　建築指導課
三重県	県土整備部　建築開発課　宅建業・建築土班		

(出典：国土交通HP)

2 不動産行政の内容・役割・機能

ⅰ）業務の具体的内容等

国土交通省不動産業課の業務の内容を国土交通省のHPで見ると、次のような業務を主に行っていることとされている。
- 宅地建物取引業関係
- マンション管理業関係
- 賃貸住宅管理業関係

また、この関係で、同課は「宅地建物取引業法」、「マンションの管理の適正化の推進に関する法律」（平成12年法律第149号）を所管するとともに、（法制度ではないが）「賃貸住宅管理業者登録制度」を所管している。

このように、不動産行政は、不動産業について、法律に基づく免許等の監督を行う規制行政が中心となっているが、あわせて、下記のように、審議会・研究会等を設け、不動産業に関連する新たな課題等についても検討・対応等を行っている。
- ITを活用した重要事項説明等のあり方に係る検討会
- 中古住宅に係る建物評価手法の改善のあり方検討委員会
- 観光立国推進のための不動産関係事業者協議会
- 不動産に係る情報ストックシステム基本構想
- 不動産流通市場における情報整備のあり方研究会
- 不動産流通市場活性化フォーラム
- 不動産の流通についての研究会
- 個人情報保護のあり方に関する研究会
- マンション管理業についての研究会
- 社会資本整備審議会産業分科会不動産部会
- 不動産取引からの反社会的勢力の排除のあり方検討会
- オフィスビルの地球温暖化防止対策検討会

> **一歩先へ**
>
> 　例えば、「不動産流通市場活性化フォーラム」では、不動産流通市場の活性化を具体的に検討するため、学識経験者、業界団体関係者等27名からなる同名のフォーラムを設置し、平成23年10月から24年6月にかけて7回にわたる討議を重ねて、同月に、「不動産流通市場活性化フォーラム提言」を取りまとめている。その提言においては、「1　円滑な不動産取引のために必要な情報の蓄積と提供」、「2　消費者ニーズに対応できる不動産流通システムの整備」、「3　不動産流通市場の活性化に向けた環境整備」について様々な具体的施策の提案がなされている。

ⅱ）関連団体との連携

　また、担当業務に関連した業界団体などの関係団体があり、相互に連携しながら、不動産関係の施策等が進められている（団体からは税制要望等の施策への要望等が行われ、行政からは業界団体等を通じた傘下企業への施策周知・指導の要請等が行われている。また、上述の審議会・研究会等の検討においても、業界団体等からも委員等での参画があり、施策検討への現場の実情や意見の反映等がなされる場合が多い）。

　＜宅地建物取引業関係＞
　　（公社）全国宅地建物取引業協会連合会
　　（公社）全日本不動産協会
　　（一社）不動産協会
　　（一社）不動産流通経営協会
　　（一社）全国住宅産業協会
　＜マンション管理業関係＞
　　（一社）マンション管理業協会
　＜賃貸管理業関係＞
　　（公財）日本賃貸住宅管理協会
　　（一社）全国賃貸不動産管理業協会

3 宅地建物取引業法(昭和27年法律第176号)

上述したように、不動産行政の中核は、宅地建物取引業法に基づく不動産業の規制行政であることから、ここでは、同法に基づき、不動産業についてどのような規制が行われているかを見ていくことにより、規制行政の具体的内容を説明していきたい。

(1) 法の目的、概要

第1条では、「宅地建物取引業を営む者について免許制度を実施し、その事業に対し必要な規制を行うことにより、その業務の適正な運営と宅地及び建物の取引の公正とを確保するとともに、宅地建物取引業の健全な発達を促進し、もつて購入者等の利益の保護と宅地及び建物の流通の円滑化とを図ることを目的とする」とされており、同法の目的が宅地建物取引業の発達促進と消費者保護であること、そのために宅地建物取引業について免許制度等による規制を行うものであることがわかる。

なお、規制の対象となる宅地建物取引業については、第2条第2号により、
　①宅地・建物の売買・交換
　②宅地・建物の売買・交換・貸借の代理・媒介
を業として行うものとされている。

(2) 法の規制の概要

同法では、法の目的を達成するため、大きくいって、下記の2つの規制が行われている。

ⅰ) 事業規制

事業に参入の際の規制として、免許権者（1の都道府県のみに事務所を置く場合は都道府県知事、2以上の都道府県に事務所を置く場合は国土交通大臣）の免許を受けなければならないとされている。この免許の要件と

しては、免許の基準として不適格条項が定められている（第5条）が、業務を実施する上で実質的な基準として、業者の専門知識や財政基盤を確保するための規制が行われている。下記の2点である。

①宅地建物主任者の設置（第15条）

宅地建物の取引に関する重要事項について取引の相手方等に説明する宅地建物主任者(※)を一定数（事務所等の従事者5名につき1名以上の専任の取引主任者）置かなければならない。

※ 宅地建物取引主任者資格試験に合格し、都道府県知事の登録を受けた者。なお、宅建業法改正で「宅地建物取引士」に名称が変更される（平成27年4月1日以降）。

②営業保証金の供託（第25条）

取引の相手方の利益の保護のため、一定の額（主たる事務所につき1,000万円、その他の事務所ごとにつき500万円分）の営業保証金(※)を供託所に供託しなければならない。

※ 宅建業者との取引で生じた損害賠償等の債権を有する者が（当該宅建業者が資力がない等の場合でも）還付を受けられるように供託所に供託するもの。なお、宅地建物取引業保証協会に加入する場合は、弁済業務保証金分担金（主たる事務所につき60万円、その他の事務所ごとにつき30万円）を協会に納付することで、営業保証金の供託を要しないものとされている。

ⅱ）業務規制

免許を受けた宅建業者が業務を行う上で遵守すべき事項が定められている。主な内容は下記のとおりである。この事項に反すると、監督処分（業務停止、免許取消し等（第65条以下））の対象となるほか、罰則を科されることもある（第79条以下）。

①重要事項の説明（第35条）

売買契約等の締結前に取引の相手方等に契約に係る重要事項を説明しなければならない。この重要事項説明は、宅地建物取引主任者が主任者証を提示した上で、書面を交付して行わなければならないとされている。説明すべき事項は、契約をするかどうかを決定する上で重要な事項であり、契約の対象となる宅地・建物に直接関係する事項（権利の内容、都市計画法等による制限の内容等）と契約の条件に関する事項（解除条件、損害賠償

の予定額、手付金の保全措置等）などである。

②**その他**

　誇大広告等の禁止（第32条）、広告の開始時期の制限（第33条）、売買契約締結時期の制限（第36条）、不実告知・事実不告知の禁止（第47条）、締結・解除を妨げるために相手方を威迫する行為の禁止（第47条の2）など、様々な規制がされている。

一歩先へ

　これらの規制法規に違反して行われた行為（例えば、マンションの販売業者が、無免許で売買をした場合の売買契約や媒介契約、あるいは重要事項説明をせずに売買した場合の売買契約）の民事上の効果（当該契約が有効か否か。いわゆる行政法規違反の行為の民事上の効力といわれる問題）については、当該行政法規が単なる取締法規にすぎない場合は、当該法規違反は民事上の効力には当然には影響しない（すなわち売買契約は有効）とされている（最判昭和35年3月18日民集14巻4号483頁）（なお、当該行政法規が法律行為の効力を規制することを目的とする強行法規（効力規定）と解される場合は民事上の効果も否定される）。

　他方で、宅建業法では、上述の規制法規とは別に、契約内容の適正化を図り、消費者の利益を保護するために、民事上の効果を有する効力規定を置いている。例えば、第38条では、売買契約において損害賠償の予定額等を定めるときは、売買代金の額の2割を超えてはならず、これに反する特約を売買契約において定めても、2割を超える部分は無効となる旨が規定されている（第37条（クーリング・オフ関係）、第39条（手付関係）、第40条（瑕疵担保関係）も同趣旨の規定である）。

　このように、行政法令を制定する場合、民事上の法律行為の効力にまでに効果を及ぼすか否かも含め検討する必要がある。

（3）宅建業法の制定及び主な改正の経緯

（主に岡本正治・宇仁美咲『［改訂版］逐条改正　宅地建物取引業法』（大成出版社　2012〔第2版〕）の記述を要約・整理等して作成した。）

＜制定（昭和27年）＞

　戦前に一部の府県で府県令に基づき行われていた不動産仲介業の許可制が新憲法の制定により失効し、不動産業に関する取締りがなく放任されていた状況の下で、終戦後に土地建物の取引が頻繁となり、仲介業者等も激増した（犯罪歴のある者も少なくなかった）が、手付金詐欺、預り金横領、二重売買、過大な報酬の要求などの悪質業者による不正行為が頻発し、購入者等が不測の損害を被る事態が生じた。

　そこで、宅地建物取引業を営む者の登録制を実施し、その事業の取締りを行うことによって、その業務が適正に行われ、宅地建物の売主買主ともに安心して利用できる業者を育成し、宅地建物の利用を促進することを目的として制定された（議員立法。全文で28か条〔なお、現在は193か条（枝番号条文含む）〕)。

＜改正第1期＞

　宅建業法が制定され悪質な業者を排除、取り締まるという警察行政の一環として事業主規制と最小限の業務規制を行った（昭和32年第2次改正による宅地建物取引主任者（当時は宅地建物取引員という名称であった）制度の新設、営業保証金制度の設置、無登録事業の禁止等）。

＜改正第2期＞

　昭和30年代半ば以降の高度経済成長を反映して宅地建物の需給が飛躍的に増大し、個人業者が従事した仲介業だけでなく、大手企業等による宅地造成・分譲マンション等の開発・販売業が発展し、宅地建物取引業が大規模化、多角化した時期であり、マイホームの購入者等は取引の知識・経験も乏しいことから、誇大広告、青田売り等により不測の損害を被るといった紛争が増えた。

　そこで、昭和39年第4次改正では宅地建物取引の公正の確保をさらに

図るため、登録制度を免許制度に改め、報酬額の制限等の業務規制の強化等を行った。また、昭和42年第5次改正では、誇大広告の禁止、重要事項の説明義務、手付貸与の禁止等の業務規制の強化等を行った。さらに、昭和46年第6次改正では法律の目的に購入者等の利益保護を加えた上で、青田売りに対する規制（広告開始時期や契約締結時期の制限、前金保全措置等）、契約内容の適正化（損害賠償の予定額や手付額の制限、瑕疵担保特約の制限等）の業務規制が行われ、さらに宅建業法の全文を見直す大幅な改正・整備がなされた。

＜改正第3期＞

　昭和50年代前後から社会構造が変化し、我が国においても中古住宅等の流通量の拡大と買い替えの需要という状況が現われ、大手企業、信託銀行等が不動産仲介業に積極的に参入してきた時期であり、当時の不動産流通（仲介）業界は、いまだ中小・個人営業的な宅建業者が多くを占め旧態依然の方法で業務を進めていたため、媒介の委託関係の存否や報酬額の約定の有無をめぐる紛争も多発し、また温泉旅行無料招待販売商法、原野商法の被害が社会問題化するなど、不動産流通業を近代化し不動産業を育成していく必要があった。

　そこで、昭和55年第8次改正では媒介契約の規制を導入するとともに、自己所有でない宅地建物の売買契約締結の制限、クーリング・オフ制度の新設などにより宅建業者の不公正な取引の排除を行うなど、不動産流通業の近代化と不動産取引市場の透明化・活性化が図られた。（昭和63年第10次改正、平成7年第11次改正でも、媒介契約制度の改正、指定流通機構制度の整備等がなされている）。

＜改正第4期＞

　消費者行政の一元化を目指して平成21年の消費者庁設置関連3法により消費者庁・消費者委員会が設置され、宅建業法が国土交通省と消費者庁の共同所管となった時期であり、消費者保護の要請が一段と強化された（重要事項説明事項の一部の関係規則の共管、大臣業者処分の際の内閣総理大臣への協議等）。

4 法令の解釈・運用について －宅建業法を事例に－

　宅建業法の解釈・運用については、大臣免許の付与などの国土交通大臣自身が宅地建物取引業法の解釈・運用を行う際の基準として「宅地建物取引業法の解釈・運用の考え方」が作成されているので、その内容について、一部を見ながら、法令解釈・運用の実際について見ていくこととしたい（なお、この「解釈・運用の考え方」は、都道府県知事や国民一般に国土交通省の考え方を周知するため、都道府県に参考通知され、また国土交通省のHPで一般に公表されている。

ⅰ）宅地建物取引「業」の解釈

　まず、免許を受ける必要がある「宅地建物取引業」については、宅建業法上、「宅地若しくは建物…の売買若しくは交換又は宅地若しくは建物の売買、交換若しくは貸借の代理若しくは媒介をする行為で業として行なうもの」とされているが（同法第2条第2号）、そこでいう「業として行なう」というものの解釈として、以下の内容が示されている。

> (1) 本号にいう「業として行なう」とは、宅地建物の取引を社会通念上事業の遂行とみることができる程度に行う状態を指すものであり、その判断は次の事項を参考に諸要因を勘案して総合的に行われるものとする。
> (2) 判断基準
> ① 取引の対象者
> 　　広く一般の者を対象に取引を行おうとするものは事業性が高く、取引の当事者に特定の関係が認められるものは事業性が低い。
> 　（注）特定の関係とは、親族間、隣接する土地所有者等の代替が容易でないものが該当する。
> ② 取引の目的
> 　　利益を目的とするものは事業性が高く、特定の資金需要の充足を目的とするものは事業性が低い。
> 　（注）特定の資金需要の例としては、相続税の納税、住み替えに伴う既存住宅の処分等利益を得るために行うものではないものがある。

③ 取引対象物件の取得経緯

　転売するために取得した物件の取引は事業性が高く、相続又は自ら使用するために取得した物件の取引は事業性が低い。

（注）自ら使用するために取得した物件とは、個人の居住用の住宅、事業者の事業所、工場、社宅等の宅地建物が該当する。

④ 取引の態様

　自ら購入者を募り一般消費者に直接販売しようとするものは事業性が高く、宅地建物取引業者に代理又は媒介を依頼して販売しようとするものは事業性が低い。

⑤ 取引の反復継続性

　反復継続的に取引を行おうとするものは事業性が高く、1回限りの取引として行おうとするものは事業性が低い。

（注）反復継続性は、現在の状況のみならず、過去の行為並びに将来の行為の予定及びその蓋然性も含めて判断するものとする。

　また、1回の販売行為として行われるものであっても、区画割りして行う宅地の販売等複数の者に対して行われるものは反復継続的な取引に該当する。

　このように、具体的なメルクマールを掲げながら判断基準が示されている（なお、より具体的内容については、下記の＜一歩先へ＞も参照されたい）。

ⅱ）手付けの「信用の供与」の解釈

　また、業務に関する禁止事項の1つとして、「手付けについて貸付けその他信用の供与をすることにより契約の締結を誘引する行為」が規定されているが（同法第47条第3号）、この場合の「信用の供与」の解釈として、以下の内容が示されている。

　本号中「信用の供与」とは、手付としての約束手形の受領等の行為、手付予約をした場合における宅地建物取引業者による依頼者の当該予約債務の保証行為等もこれに該当することとなる。

　なお、手付の分割受領も本号にいう「信用の供与」に該当する。

なお、専門書（前掲の岡本他『[改訂版] 逐条改正 宅地建物取引業法』）では、例えば、「法47条3号が規定する禁止の対象行為は、宅建業者が手付貸与等信用供与により顧客を契約締結に誘引する行為であるから、信用供与をするに至る経緯が宅建業者からの申し出か顧客の求めによるものかは、行政処分に際し斟酌すべき情状になるとしても、法47条3号の違反行為に該当するかどうかの要件ではない。」等、より詳細な解説がされており、このような専門書は行政の実務面でも参考となるものである。

一歩先へ

　上記のように、国土交通省による「解釈・運用の考え方」において、宅建業法の解釈・運用について示されているところであるが、具体の事例においては、その「解釈・運用の考え方」によっても、必ずしも宅建業法の解釈・運用が明確でない場合も多い。

　このような場合に、ノーアクションレター制度（法令適用事前確認手続）(※)による照会が行われる場合があり、宅建業法においても、例えば、上記の「宅地建物取引業」の該当性に関して、下記のような照会・回答例があり、法令の解釈・運用の具体的内容を理解する上で参考となるので紹介する。

　実際の行政の現場においても、このような正式の照会でなくても、電話、来庁など様々な形で様々な内容の照会、問い合わせ、相談があることを理解されたい。

※　民間企業等が新たな事業活動を始めようとする際に、その行為が法令に抵触しない（違法でない）ことが不明確なため、事業活動が萎縮してしまうようなケースが想定され、こうした問題に対応するために、政府において平成13年3月27日に「行政機関による法令適用事前確認手続の導入について」を閣議決定して、導入された制度

【照会内容】

《土地所有者：売主の状況》

土地所有者Aは、平成9年に高血圧を原因とする脳出血で倒れ、100日間入院、その後本人の食生活改善と薬により特に問題なく現在に至る。

Aの長男Bは、平成20年10月に浴室に於いて、くも膜下出血で倒れたが、Aの早期発見・緊急手術により後遺症もなく順調に快復し現在に至る。

このようなことがきっかけで、A・B共に相続に関する税の額及び相続争いの問題につき真剣に考えるようになり、相続をスムーズに行うための準備として何をしておくべきか相談を受けた。

《当社の提案・実行》

相続税がどのくらい発生するのか、税理士に現時点でのシュミレーションをしてもらい相続税の額を算出し、相続人の関係・状況をお聞きし、相続発生時に相続争いとならないように財産の分け方を検討した結果、Aの財産の内下記更地〔(イ)〜(ニ)：相談時1筆の土地〕に関し下記の提案をした。

① Aの介護等が発生した時の資金として、(イ)・(ロ)を売却現金化する。
　(イ)を当社仲介にて売りに出す。(ロ)は、隣地の人が購入したい希望がある。
② (ハ)は、相続発生時に相続税支払のための資金として売却する(譲渡税がかからない分メリットがある)
③ (ニ)は、次男Cが相続するための土地とする。

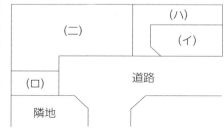

＊　以上の提案を承諾いただいて、(イ)及び(ロ)の土地の売却を実行した。

《売却後の希望》

(イ)・(ロ)の土地売却完了後、A・BがCの性格・状況を再度熟慮した結果、Cの相続予定(ニ)に隣接する(ハ)を相続税支払のための資金捻出のために残しておくと、相続発生時に、Cが(ハ)を含めて相続したいと主張することが心配されるため、譲渡税が余分にかかっても現時点で売却して相続税支払のための資金として、現金化しておきたいとの希望となった。

この（ハ）を売却したいという希望に関し、土地所有者Aが行う行為が宅地建物取引業法第2条2号に定義する「宅地建物取引業」に該当し、同法第3条に定める宅地建物取引業の免許を必要とするものであるか否かについて確認し、当社が当該土地を購入又は媒介することは、宅地建物取引業法第2条第2号及び第3条の規定に関し問題が生じるか否かを確認したい。

【国土交通省の回答】

1　回答

　　照会のあった事実については、2（2）に該当する場合は、宅地建物取引業法（昭和27年法律第176号。以下「法」という。）第3条第1項の適用対象とならないと考えられる。ただし、2（3）に該当する場合は、この限りではない。

2　当該回答の根拠

（1）　法に規定する「宅地建物取引業」とは、宅地若しくは建物の売買若しくは交換又は宅地若しくは建物の売買、交換若しくは貸借の代理若しくは媒介をする行為で業として行うものをいい（法第2条第2号）、これを営もうとする者は、法第3条第1項に規定する免許を受けなければならない。

　　また、法第2条第2号にいう「業として行なう」とは、宅地建物の取引を社会通念上事業の遂行とみることができる程度に行う状態を指すものであり、その判断は、取引の対象者、取引の目的、取引対象物件の取得経緯、取引の態様、取引の反復継続性など諸要因を勘案して総合的に行われるものである（「宅地建物取引業法の解釈・運用の考え方」（平成13年国土交通省総動発第3号））。

（2）（1）で述べた基準に照らし、Aが行う（ハ）の土地の売却について、照会書で提示されている事実について検討すると、以下のとおりである。

　①取引の対象者について

　　　照会のあった事実によると、Aが行う（ハ）の土地の売却は、広く一般の者を対象に取引を行おうとするものであるとのことから、事業性が高いといえる。

　②取引の目的について

　　　照会のあった事実によると、Aが行う（ハ）の土地の売却は、相続税支払のための資金準備という特定の資金需要の充足を目的としているとのこ

とから、事業性が低いといえる。

③取引対象物件の取得経緯について

照会のあった事実によると、（ハ）の土地はAが昭和35年に農地として使用するために取得し、Aが脳出血で倒れるまで農地として使用していたものであるとのことから、Aが行う（ハ）の土地の売却は、事業性が低いといえる。

④取引の態様について

照会のあった事実によると、Aが行う（ハ）の土地の売却は、自ら購入者を募り一般消費者に直接販売しようとするものではなく、宅地建物取引業者に媒介を依頼し、又は宅地建物取引業者に対して売却しようとするものであるとのことから、事業性が高いとはいえない。

⑤取引の反復継続性について

照会のあった事実によると、Aは、既に（イ）及び（ロ）の土地を売却しており、今般（ハ）の土地についても売却する予定であるとのことから、必ずしも事業性が低いとはいえない。

以上を勘案して総合的に判断すると、Aが行う（ハ）の土地の売却は、宅地建物の取引を社会通念上事業の遂行とみることができる程度に行う状態とはいえないことから、法第2条第2号に規定する宅地建物取引業に該当せず、Aは法第3条第1項にいう免許を受ける必要がないと考えられる。

（3）一方、以下の要素等により、Aが行う（ハ）の土地の売却が、宅地建物の取引を社会通念上事業の遂行とみることができる程度に行う状態といえる場合には、法第2条第2号に規定する宅地建物取引業に該当し、Aは法第3条第1項にいう免許を受ける必要があると考えられる。

①取引の目的について

照会のあった事実によると、現に相続は発生しておらず、（ハ）の土地の売却資金を他の目的に利用することが否定できないことから、（ハ）の土地の売却が利益を目的とするものに該当する場合は、事業性が高いといえる。

②取引対象物件の取得経緯について

照会のあった事実によると、Aが脳出血で倒れた平成9年から現在に至るまでの（ハ）の土地の状況は明らかでないことから、Aが脳出血で倒れた平成9年から現在に至るまで、（ハ）の土地を自ら農地として使用していない場合は、必ずしも事業性が低いとはいえない。

③取引の反復継続性について

　照会のあった事実によると、Aが（イ）、（ロ）及び（ハ）以外の宅地又は建物を過去に取引しており、又は将来取引する可能性を否定できないことから、Aが（イ）、（ロ）及び（ハ）以外の宅地又は建物を過去に取引しており、又は将来取引する場合は、事業性が高いといえる。

(出典：国土交通省HP)

● **参考**

　なお、上記事例に直接関係するものではないが、前掲の岡本他『[改訂版]逐条改正　宅地建物取引業法』）において関連する記載があり（同書81〜82頁）、法令の解釈・運用の視点等として参考となるので、下記に掲載しておく。

「相続人が相続税を納付するために相続財産である数筆の土地を不特定多数の者に売却する行為や宅地建物を所有していた債務者が事業不振のため資産を複数の区画に分割し売却して債務整理を図る行為は、反復継続して売却する行為として「業として行なうもの」（法2条2号）に該当する。「営利の目的」とは、利益を上げる目的のみならず、債務を履行する原資を得るという目的も含まれるから、相続税の納付義務を履行する目的や債務整理を行う目的も営利の目的と認められ「宅地建物取引業を営む」に該当する。なお、相続財産については、相続税を納付する必要から換価処分するものであること、当該財産は相続により取得したものであって、転売目的により取得したものでないことからすれば、法2条2号にいう「業として行なうもの」に該当しないと解する余地がないわけではない。しかし、被相続人が自己使用目的でなく、賃料収入を得るために数箇所に所有していた賃貸マンションを相続したり、被相続人が転売目的で取得した土地を相続した場合と、先祖伝来の数筆の土地を相続した場合とを形式的に区別することはできず、相続税納付のためであっても、複数の宅地建物を売却する行為は、原則として、「業として行なうもの」「宅地建物取引業を営む」に該当するといわざるを得ない。」

第3章
住宅行政

　本章では、住宅行政に関して、住宅政策の全般的内容を概観した上で、個別施策について、政策手法ごとに特徴的な施策を取り上げ、それぞれの手法による施策内容の差異がわかるよう、その施策内容を説明することとしたい。

1　住宅行政の内容・役割・機能

（1）基本的内容

　現在の住宅政策は、住生活基本法（平成18年法律第61号）及び同法に基づく住生活基本計画（全国計画及び都道府県計画）に基づき、
- 国民の住生活の安定の確保及び向上を促進することを目的に、
- 「現在及び将来における国民の住生活の基盤となる良質な住宅の供給等」、「良好な居住環境の形成」、「居住のために住宅を購入する者等の利益の擁護及び増進」、「居住の安定の確保」を基本理念とし、
- 「住宅の品質又は性能の維持及び向上並びに住宅の管理の合理化又は適正化」、「地域における居住環境の維持及び向上」、「住宅の供給等に係る適正な取引の確保及び住宅の流通の円滑化のための環境の整備」、「居住の安定の確保のために必要な住宅の供給の促進等」という基本的施策が推進されている。

　また、施策の推進に際しては、「ストック重視の施策展開」、「市場重視の施策展開」、「効果的・効率的な施策展開」、「豊かな住生活を実現するための他分野との連携による総合的な施策展開」、「地域の実情を踏まえたきめ細かな施策展開」といった視点が基本とされている。

> ● **参考**
> 　戦後の住宅政策は、終戦直後の住宅不足（420万戸の住宅不足）の解消を目標に、いわゆる住宅政策の3本柱（住宅金融公庫（1950年）、公営住宅（1951年）、日本住宅公団（1955年））と住宅建設計画法（1966年）により、公的資金による住宅の量的供給を中心に進められてきたが、住宅ストックの量的充足等を背景に、上述のように、質の向上等のための施策に転換されている。

（2）具体の住宅政策

住生活基本計画（全国計画）（平成18年閣議決定、平成23年見直し）によると、具体的には、次のような目標及び主たる施策が掲げられている。

＜目標1　安全・安心で豊かな住生活を支える生活環境の構築＞
①住生活の安全を確保する住宅及び居住環境の整備
- 耐震診断、耐震改修等の促進
- 密集市街地の整備　等
  （指標）耐震性を有する住宅ストックの比率【79％（H 20）→ 95％（H 32）】等

②住生活の安心を支えるサービスが提供される環境の整備
- サービス付き高齢者向け住宅の供給促進
- 公的賃貸住宅団地等における生活支援施設の設置促進　等
  （指標）高齢者人口に対する高齢者向け住宅の割合【0.9％（H 17）→ 3～5％（H 32）】等

③低炭素社会に向けた住まいと住まい方の提案
- 住宅の省エネルギー性能の向上
- 地域材を活用した住宅の新築・リフォームの促進　等
  （指標）省エネ法に基づく届出がなされた新築住宅における省エネ基準（平成11年基準）達成率【42％（H22.4-9）→ 100％（平 32）】

④移動・利用の円滑化と美しい街並み・景観の形成
- 住宅及び住宅市街地のユニバーサルデザイン化
- 景観計画、景観協定等の普及啓発 等

<目標2　住宅の適正な管理及び再生>
　住宅ストックの適正な管理の促進（特に急増する老朽マンション等の適正な管理と再生）
- 住宅の維持管理情報の蓄積
- マンションの適切な管理・維持修繕の促進 等
　（指標）25年以上の長期修繕計画に基づく修繕積立金を設定している
　　　　 分譲マンション管理組合の割合【37%（H20）→ 70%（H32）】等

<目標3　多様な居住ニーズが適切に実現される住宅市場の環境整備>
①既存住宅が円滑に活用される市場の整備
- 瑕疵担保保険の普及、住宅履歴情報の蓄積の促進
- リフォーム事業者に関する情報提供の促進、地域の工務店等のリフォーム技術の向上 等
　（指標）既存住宅の流通シェア【14%（平20）→ 25%（平32）】等
②将来にわたり活用される良質なストックの形成
- 住宅性能表示制度の見直し（評価項目の簡素化）
- 長期優良住宅制度の見直し（共同住宅の認定基準の合理化）
- 木材の加工・流通体制の整備、木造住宅の設計・施工に係る人材育成、伝統的な技術の継承・発展 等
　（指標）新築住宅における長期優良住宅の割合【8.8%（平21）→ 20%（平32）】等
③多様な居住ニーズに応じた住宅の確保の促進と需給の不適合の解消
- 長期・固定型住宅ローンの安定供給、税制上の措置
- 住替え支援の推進 等

＜目標4　住宅の確保に特に配慮を要する者の居住の安定の確保＞
　市場において自力では適切な住宅を確保することが困難な者（高齢者、障害者、子育て世帯等）に対する公的賃貸住宅や民間賃貸住宅による重層的な住宅セーフティネットの構築
・公営住宅等の適切な供給
・民間賃貸住宅への円滑な入居を促進する居住支援協議会への支援強化等
　（指標）最低居住面積水準未満率【4.3%（H 20）→早期に解消】等

（3）政策手法からみた整理

　上記のように、現在の住宅政策は、ストック重視・市場重視の視点の下、民間による良質な住宅供給や適正な管理の誘導（誘導手法）を基本とし、公営住宅整備など市場において自力では適切な住宅を確保することが困難な者に対するセーフティネットの構築（直接供給手法）をあわせて行うことが基本的な内容となっている。

> ● 参考
>
> 　住宅行政あるいは住宅政策については、経済学において様々な研究・分析が行われている。例えば、八田達夫「住宅市場と公共政策」（岩田規久男・八田達夫編『住宅の経済学』（日本経済新聞社　1997）第1章）は、下記で紹介する公営住宅等を含め、住宅市場における政府（公共政策）の役割について経済学的評価を行っており、参考となる。

2　個別施策

ここでは、個別の施策のうち、直接供給手法の施策例として「公営住宅」、誘導手法のうち、経済的誘導手法である補助金手法の施策例として「サービス付き高齢者向け住宅」、税優遇手法の施策例として「住宅ローン減税」、情報提供手法の施策例として「原状回復をめぐるトラブルとガイドライン」を取り上げる。

（なお、規制の手法としては、建築基準法による建築確認制度等があるが、通常は建築行政としてとらえられており、ここでは取り上げない。）

（1）公営住宅

ⅰ）公営住宅制度の内容、位置付け

公営住宅は、地方公共団体が、住宅に困窮する低額所得者に対して低廉な家賃で賃貸する住宅である。事業主体は都道府県（都道府県営住宅）及び市町村（市町村営住宅）である。

すなわち、市場では供給が困難な低廉な家賃の住宅を、地方公共団体が整備し、低額所得者に賃貸するもので、市場を補完するための直接供給手法による施策である。

公営住宅は、公営住宅法（昭和26年法律第193号）に基づき整備・管理されている。同法では、公営住宅の整備水準、建設や家賃等に係る国の補助（原則1／2、災害公営住宅の場合は2／3（激甚災害等の場合はさらに引上げ））、家賃の決定方法、入居者の募集方法（原則として公募）・資格（原則として収入分位25％（月収15.8万円＜平成27年1月1日時点＞）以下で事業主体が定める額以下の収入の者）・選考、入居者の義務など、公営住宅の供給（整備及び管理）に関する内容を中心に、加えて建替事業に関する内容が定められている。

ⅱ）公営住宅法の制定及び主な改正の経緯

（住本靖・井浦義典・喜多功彦・松平健輔『逐条解説　公営住宅法　改訂版』（ぎょうせい　2012）をベースにして作成した。）

　予算制度から法制度への位置付けを理由に制定され、需要ニーズ、供給上の理由、訴訟等現場での問題、高齢化や地方分権等の社会経済情勢等、様々な事情に対応した見直しが行われたことがわかる。

＜制定（昭和26年）＞

　それまでの国庫補助による庶民向賃貸住宅の供給に法律上の根拠を与え、恒久措置とするために制定された。

＜昭和34年第2次改正＞

　公営住宅の大量建設にもかかわらず、住宅需要に供給が追いつかず、戦後の住宅難が解消されない状態であったため、収入超過者に対する明渡努力義務及び割増賃料の創設をはじめとした管理の合理化について大幅な改正がなされた。

＜昭和44年第6次改正＞

　地価高騰による用地費の増大、建替えの必要性から、公営住宅建替事業や高額所得者制度の創設等がなされた。

＜昭和55年第7次改正＞

　単身の高齢者が入居を拒絶され、訴訟が提起され問題となったことがきっかけとなり、同居親族が必須であった入居資格について、高齢者や障害者などは単身者でも入居資格を有することとされた。

＜平成8年第13次改正＞

　急速な高齢化等の社会経済情勢を踏まえ、より公平な家賃制度としての応能応益家賃制度や、民間事業者等が保有する住宅を借り上げて供給する方式の導入等がさなれた。

＜平成11年第15次改正＞

　地方分権一括法により、都道府県知事の指示等の廃止等〔機関委任事務の廃止〕、家賃等の変更命令の廃止等〔関与の見直し〕、公営住宅監理員の

任意設置化〔必置規制の見直し〕がなされた。

＜平成17年第22次・第23次改正＞

　住宅困窮者の増加・多様化に対応するため、地域の実情をより踏まえた公営住宅施策が推進できるよう、管理の特例（管理代行制度）の創設等がなされるとともに、三位一体改革の議論を踏まえ、建設費補助等について、地方公共団体の自主性の拡大の観点から交付金化された。

＜平成18年第24次改正＞

　住生活基本法の制定に伴い、公営住宅の計画的供給の根拠計画が、住宅建設5箇年計画から、都道府県が地域の実情を踏まえて策定する住生活基本計画に変更された。

＜平成23年第26次・第27次改正＞

　第1次一括法・第2次一括法により、整備基準の見直し（条例委任、参酌基準化）、入居者資格の見直し（同居親族要件の廃止、入居収入基準の条例委任と参酌基準化）等がなされた。

ⅲ）公営住宅の供給状況等

　下図のように、公営住宅は制度創設以来建設が進められ、現在の戸数は約220万戸存し、低所得者等の住生活の安定に寄与している。同一市町村内に都道府県営住宅と市町村営住宅が供給されることも多い（他方、公営住宅が存しない市町村もある）（下記の茨城県下の管理戸数状況参照）。

　また、災害により住宅を失った低額所得者等に賃貸するための公営住宅（災害公営住宅）の建設等も行われており、災害による被災者支援の制度として活用されている（例えば、東日本大震災においては、（福島県分を除き）約2万2千戸の災害復興住宅の整備が計画されている）。

公営住宅の管理戸数の推移

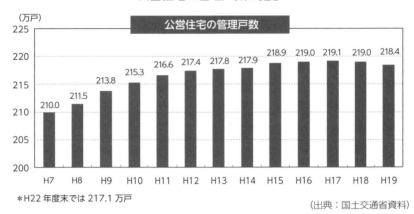

(出典:国土交通省資料)

*H22年度末では217.1万戸

災害公営住宅の整備事例

(出典:国土交通省HP)

公営住宅の供給状況（茨城県下の例）

公営住宅管理戸数（所在市町村別）　平成26年4月1日現在

市町村名	県営住宅			市町村営住宅			合計
	公営住宅	その他	計	公営住宅	その他	計	
水戸市	4,169		4,169	3,715	16	3,731	7,900
日立市	2,155		2,155	4,114	410	4,524	6,679
土浦市	1,086		1,086	1,238	0	1,238	2,324
古河市	396		396	326	0	326	722
石岡市	144		144	603	0	603	747
結城市	108		108	337	0	337	445
龍ケ崎市	448		448	168	0	168	616
下妻市	72		72	155	0	155	227
常総市	48		48	262	1	263	311
常陸太田市	54		54	611	0	611	665
高萩市	128		128	671	0	671	799
北茨城市	60		60	706	30	736	796
笠間市	253		253	353	0	353	606
取手市	14		14	285	0	285	299
牛久市			0	311	0	311	311
つくば市	603	42	645	858	0	858	1,503
ひたちなか市	1,568		1,568	1,935	0	1,935	3,503
鹿嶋市	66		66	254	0	254	320
潮来市	344		344	228	0	228	572
守谷市	168		168	66	0	66	234
常陸大宮市	70		70	609	58	667	737
那珂市			0	270	10	280	280
筑西市	184		184	691	0	691	875
坂東市			0	178	0	178	178
稲敷市	48		48	232	10	242	290
かすみがうら市	90		90	0	0	0	90
桜川市	190		190	360	0	360	550
神栖市	210		210	298	22	320	530
行方市			0	141	6	147	147
鉾田市			0	84	0	84	84
つくばみらい市			0	94	0	94	94
小美玉市			0	250	0	250	250
茨城町	104		104	254	0	254	358
大洗町			0	334	21	355	355
城里町	30		30	372	28	400	430
東海村	162		162	0	0	0	162
大子町			0	171	34	205	205
美浦村			0	0	0	0	0
阿見町	102		102	361	0	361	463

市町村名	県営住宅			市町村住宅			合計
	公営住宅	その他	計	公営住宅	その他	計	
河内町			0	31	0	31	31
八千代町			0	0	0	0	0
五霞町			0	0	0	0	0
境町			0	165	0	165	165
利根町			0	0	0	0	0
総計	13,074	42	13,116	22,091	646	22,737	35,853

＊その他：特公賃、改良住宅、その他の住宅
＊市町村その他646戸のうち137戸特公賃（水戸市16 常陸大宮市58 大洗町21 城里町20 大子町22）
＊市町村その他646戸のうち440戸改良住宅（日立市410戸 北茨城市30戸）
＊美浦村、八千代町、五霞町、利根町については公営住宅なし

（出典：茨城県HP）

（2）住宅ローン減税制度

ⅰ）内容

　金融機関等から住宅ローンを受けて住宅の新築、取得又は増改築等をした場合に、住宅ローンの年末残高の一定割合を所得税額から控除する制度

※現在の制度の概要は下記のとおり。

居住年	借入限度額	控除率	控除期間	最大控除額	住民税からの控除限度額
平成25年1月～平成26年3月	2,000万円	1.0%	10年間	200万円	9.75万円
平成26年4月～平成29年12月	4,000万円			400万円	13.65万円

（備考）　住宅ローン減税制度の最大控除額まで所得税額が控除されない者について、所得税から控除しきれない額を、個人住民税から控除される。
　　　　なお、長期優良住宅等については最大控除額が引き上げられており、また、バリアフリー改修、省エネ改修についても同様の措置がある。

● 参考

　本制度は、租税特別措置法（第41条）により規定されている。このように、所得税等の国税の政策的な特例措置は、一般的に租税特別措置法により規定される（他方、固定資産税等の地方税の政策的な特例措置は、一般的に地方税法附則により規定される）。

ⅱ）本制度の役割、位置付け等

　本制度は、中堅勤労者等における無理のない負担での住宅取得を支援することにより、国民生活の向上や社会的安定の確保を図るとともに、経済効果の大きい住宅投資の促進による内需拡大を図るものであり、誘導手法（経済的インセンティブ手法のうちの税優遇手法）の施策ということができる。

ⅲ）本制度の主な経緯

　本制度は、政策的な税制の特例措置という性格もあって時限的措置であり、また、上記のように景気対策という側面も強いため、経済情勢によって、その内容が、下記のように変動している。

（国土交通省住宅局住宅政策課監修『住宅経済データ集　2014年（平成 26 年)版』(住宅産業新聞社　2014)をベースにして作成している。）

　制度の改組等も含め、基本的に拡充の方向で変遷してきたところ、平成 16 年度改正においては控除額を段階的に縮小していくこととなったが、経済情勢も踏まえ、平成 21 年度改正において大幅な拡充となった。また、耐震改修工事等も制度の適用対象に追加する等、住宅の質の向上等にも配慮されている。

昭和 61 年度	住宅取得促進制度の創設
昭和 62 年度	控除期間の延長（3 年から 5 年に）
昭和 63 年度	借入金の控除対象部分の引上げ（公的借入金の 2 分の 1 から全額に）
平成 2 年度	控除期間の延長（5 年から 6 年に）
平成 3 年度	借入金の控除対象限度額の引上げ(2,000 万円から 3,000 万円へ)
平成 5 年度	控除率の引上げ（1,000 万円以下の部分につき当初 2 年間に限り 1％から 1.5％へ）
	〔総合経済対策〕
平成 9 年度	控除率の見直し（1,000 万円以下の部分につき、平成 9 年度中に居住した場合は 1.5％から 2％へ引き上げ、平成 12・13 年に居住した場合は 1.5％から 1％へ引下げ等）
平成 10 年度	所得要件の緩和（2,000 万円から 3,000 万円へ）
	控除率の引上げ（平成 12 年度に居住した場合は 1％から 1.5％

へ等)

〔総合経済対策〕

平成11年度	住宅ローン控除制度に改組
平成12年度	適用期限(入居期限)の延長(6か月(平成13年6月30日まで))
平成13年度	住宅ローン減税制度の創設
平成14年度	適用対象の追加(一定の耐震改修工事)
平成15年度	適用要件の緩和(転勤等の事情で転出後再居住した場合も再適用を認める)
平成16年度	平成17年度から控除額が段階的に縮小
平成17年度	適用対象の追加(一定の耐震基準を満たす中古住宅)
平成18年度	三位一体改革の税源移譲に伴う措置(一定の場合に個人住民税からも減税)
平成19年度	特例措置の創設(平成19・20年入居者に控除期間を15年に延長した制度と現行制度の選択適用を認める)、適用対象の追加(一定のバリアフリー改修工事)
平成20年度	適用対象の追加(一定の省エネ改修工事)
平成21年度	借入金の控除対象限度額の引上げ(2,000万円から5,000万円へ) 認定長期優良住宅に係る特別措置の創設 最大控除額まで所得減税が控除されない者について個人住民税から控除
平成24年度	認定低炭素住宅に係る特例措置の創設
平成25年度	借入金の控除対象限度額の引上げ(2,000万円から4,000万円へ) 個人住民税からの控除上限額の拡充(9.75万円から13.65万円へ)
平成26年度	一定の中古住宅を取得後に耐震工事を行う場合に制度適用を認める措置の創設

（3）サービス付き高齢者向け住宅（サ高住）

ⅰ）サ高住の役割、位置付け

- サ高住は、高齢者が安心して暮らすことができるよう整備される住宅であり、具体的には、住宅としての居室の広さや設備、バリアフリーといったハード面の条件を備えるとともに、ケアの専門家による安否確認や生活相談サービスが提供される住宅である。
- このサ高住については、「サービス付き高齢者向け住宅整備事業」により、民間事業者が整備をした場合に、その整備費に対して補助（住宅の建築費の1／10（国費上限100万円／戸）等）が行われる。すなわち、誘導手法のうちの経済的インセンティブの手法である補助金手法等(※)により整備が促進されているものである。

    ※ 補助金に加え、住宅金融支援機構による融資や、税優遇（所得税・法人税の割増償却、固定資産税や不動産取得税の軽減）の措置等も講じられている。

- このようにサ高住について、行政による補助等の誘導措置が講じられているのは、我が国において高齢化が急速に進行し、介護が必要な高齢者が今後一層増加していくことが見込まれている中で、上記のような「ハード」とサービスという「ソフト」を一体的に備えた高齢者向けの住宅が、民間事業者が高齢者を敬遠したり、採算性が高くない等の理由で、市場では十分に供給されないことが背景としてあることが考えられる。
- このサ高住については、「高齢者の居住の安定確保に関する法律」（平成13年法律第26号）に基づく「サービス付き高齢者向け住宅事業」として、以下のような法律的な位置付けもされている。
    - 都道府県知事による登録（登録には一定の登録基準に適合する必要がある）
    - 登録事業者の業務準則（誇大広告の禁止、契約締結前の書面の交付・説明等の事項を遵守する必要がある）
    - 登録住宅の特例措置（公営住宅の使用、住宅融資保険等において特例措置が認められている）

・都道府県知事による監督（都道府県知事による登録事業者に対する報告徴収、検査、是正指示等の措置が認められている）
（「サービス付き高齢者向け住宅整備事業」は、「高齢者の居住の安定確保に関する法律」に基づくサービス付き高齢者向け住宅の整備を支援するものであり、同事業の補助を受けるためには、同法に基づくサービス付き高齢者向け住宅として登録され、少なくとも10年間は同住宅として運用されることが条件とされており、制度が一体的に運用されている（ただし、同事業の補助を受けるためには、サービス付き高齢者向け住宅への登録のほか、別途要件等も設けられており、予算の効果的執行や財政制約等を背景に、補助制度による独自の採択基準も設けられている）。）

ⅱ）サ高住の概要等

サ高住の具体的基準、供給実績等を見ると下記のとおりである。

○サービス付き高齢者向け住宅の基準

この基準は、「サービス付き高齢者向け住宅整備事業」の補助採択の基準であるとともに、「高齢者の居住の安定確保に関する法律」に基づくサービス付き高齢者向け住宅としての都道府県知事による登録の基準（同法第7条、同法施行規則（「国土交通省・厚生労働省関係高齢者の居住の安定確保に関する法律施行規則」（平成23年厚生労働省・国土交通省第2号））として定められている。

規模・設備

- 各専用部分の床面積は、原則25m²以上
  （ただし、居間、食堂、台所そのほかの住宅の部分が高齢者が共同して利用するため十分な面積を有する場合は18m²以上）
- 各専用部分に、台所、水洗便所、収納設備、洗面設備、浴室を備えたものであること
  （ただし、共用部分に共同して利用するため適切な台所、収納設備または浴室を備えることにより、各戸に備える場合と同等以上の居住環境が確保される場合は、各戸に台所、収納設備または浴室を備えずとも可）
- バリアフリー構造であること

段差のない床

手すりの設置

廊下幅の確保

サービス

安否確認サービスと生活相談サービスが必須のサービスです。ケアの専門家が少なくとも日中建物に常駐し、これらのサービスを提供します。

ケアの専門家
- 社会福祉法人・医療法人・指定居宅サービス事業所等の職員
- 医師　●看護師　●介護福祉士　●社会福祉士
- 介護支援専門員　●介護職員初任者研修課程修了者

これらのサービスの他に、介護・医療・生活支援サービスが提供・併設されている場合があります。どういったサービスが利用可能なのか、入居前に事業者の方からの説明を聞き、比較検討することが大切です。

契約関係

- 書面により契約を締結します。
- 専用部分が明示された契約でなければなりません。
- 賃貸借方式の契約と利用権方式の契約がありますが、いずれの場合も、長期入院などを理由に事業者から一方的に解約できないことになっている等、居住の安定が図られた契約内容になっていなければなりません。
- 受領することができる金銭は、敷金、家賃・サービスの対価のみです。権利金やその他の金銭を受領することはできません。
- 家賃・サービスの対価の前払金を受領する場合は、
  - 前払金の算定の基礎、返還債務の金額の算定方法が明示されていなければなりません。
  - 入居後3月以内に、契約を解除、または入居者が死亡したことにより契約が終了した場合、(契約解除までの日数×日割計算した家賃等)を除き、前払金を返還しなければなりません。
  - 返還債務を負うことになる場合に備えて、前払金に対し、必要な保全措置が講じられていなければなりません。
- サービス付き高齢者向け住宅の工事完了前に、前払金を受領することはできません。

（出典：国土交通省HP）

○サービス付き高齢者向け住宅の整備状況（平成26年11月末時点）

サ高住の整備は、補助金の交付等もあって、右肩上がりで増え、制度創設3年で16万戸超が供給されている。

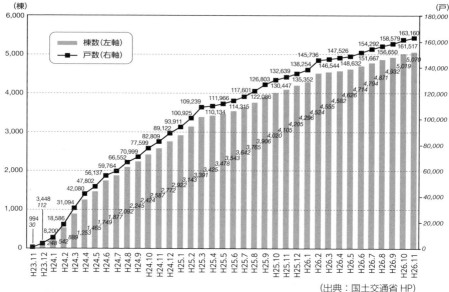

（出典：国土交通省HP）

一歩先へ

サ高住の供給状況は、国土交通省の調査によると、住戸の専有部分の面積が18㎡以上20㎡未満のものが約6割と過半を占めている。サ高住の基準では「原則25㎡以上」とされているところであるが、共同の食堂等を設けた場合は例外的に18㎡以上でも認められるという基準によっているものであり、民間事業者が採算等を考慮した場合に、より採算性がよい小規模なものが供給される傾向が見てとれ、例外的扱いと想定していたものが例外でなくなるという結果となっており、基準の決め方の上でも留意が必要なものと思われる。

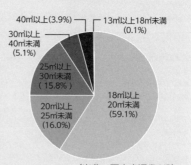

（出典：国土交通省HP）

（4）原状回復をめぐるトラブルとガイドライン

ⅰ）ガイドラインの位置付け、役割

- 本ガイドラインは、賃貸住宅の退去時における原状回復について、原状回復に係る契約関係、費用負担等のルールのあり方を明確にして、賃貸住宅契約の適正化を図ることを目的に策定されたものである。
- ここでいう「賃貸住宅の退去時における原状回復」とは、アパートなどの賃貸借契約が終了して賃借人が賃貸物件を退去する際に、一般的に、当該賃貸物件の原状に復する義務を負っており、原状回復に要する費用を賃借人が負担すべき（通常は預け入れていた敷金から差し引かれる）というものであるが、その原状回復すべき範囲について賃貸人・賃借人の間で考え方の相違がみられ、その結果、トラブルが多く生じているという現状がある（国民生活センターの2012年度の消費生活相談の統計でも、「賃貸アパート・マンション」に関する相談は3万件を超え、アダルト情報サイト等に次ぐ4位の相談件数の多さであり、その中でも「敷金の返還や原状回復等、退去時のトラブルが目立つ」とされている）。
- このような原状回復の問題は、賃貸人と賃借人間の民々の問題であり、当事者間の話し合いで解決したり、それが困難な場合は民事訴訟によることが基本であり、行政により規制することがなじまない領域であるが、他方で、上記のようにトラブルが多い状況であり、さらに契約の際の留意によりトラブルの未然防止も可能であることから、行政（国土交通省）により、トラブルの未然防止や円滑な解決のために、原状回復の費用負担のあり方について妥当と考えられる一般的な基準をガイドラインとして取りまとめ、一般に活用されるよう周知しているものであり、まさに誘導手法のうちの情報提供手法による政策といえるものである。
- このガイドラインは、上記のような性格から、国土交通省（策定当初は建設省）において、原状回復に関する裁判例及び取引の実務等を踏まえて、学識経験者等の委員会で検討の上、策定されている（平成10年3月。なお、その後、平成16年、平成23年に見直しが行われ、

現在のガイドラインとなっている)。
- このガイドラインで示された原状回復の一般的なルールは、アパート等の実際の賃貸借において契約書に取り入れられたり、あるいは原状回復のトラブルが生じた場合に当事者間で援用されたり、さらに、裁判(少額訴訟等)になった場合にも判断のベースとされるなど、紛争解決規範として機能しているとされ(拙書『賃貸住宅管理の法的課題』270頁(大成出版社 2011))、賃貸住宅の原状回復をめぐるトラブルの未然防止や円滑な解決に役立っているところである。

ⅱ) ガイドラインの概要
- 「原状回復」の内容・範囲が示されている。
   原状回復を「賃借人の居住、使用により発生した建物価値の減少のうち、賃借人の故意・過失、善管注意義務違反、その他通常の使用を超えるような使用による損耗・毀損を復旧すること」と定義し、いわゆる経年変化、通常の使用による損耗等の修繕費用は、賃借人が負担する必要がないことを明確にしている(換言すると、原状回復は、賃借人が借りた当時の状態に戻すことではないことを明確化している)。
   その上で、実務上トラブルになりやすいと考えられる事例について、賃貸人と賃借人との間の負担割合等を具体的に示している(例えば、ポスターを張るための画鋲の穴の跡や、テレビの後部壁面の黒ずみ(電気ヤケ)については、賃借人の原状回復の義務はない。他方、喫煙でクロスがヤニで変色したり臭いが付着したりしている場合は、賃借人に原状回復の義務がある等)。
- 経過年数を考慮すべきことを明確にしている。
   賃借人に原状回復義務がある場合においても、賃借人が退去した時点で、建物や設備も経年変化で価値が減少していることから、その分を考慮して、居住年数が多いほど賃借人の負担割合を減少させる考え方を採用している。
- 賃貸住宅契約書に記載する原状回復条件に関する雛形が作成されている(172頁)。
   賃貸住宅契約締結時に原状回復に関する条件を契約内容として確認

することで、トラブルの未然防止等に役立つため、その雛形が作成されている。

一歩先へ

上記のように原状回復をめぐるトラブルを防止するために、国においては、誘導手法のうちの情報提供手法として、「原状回復をめぐるトラブルとガイドライン」を策定し、周知しているところであるが、東京都においては、独自に、より一歩進めた施策を行っている。すなわち、「東京における住宅の賃貸借に係る紛争の防止に関する条例」を平成16年に制定し、東京都内にある居住用の賃貸住宅を宅地建物取引業者が媒介等を行う場合（都内の物件を扱う場合は都外の宅建業者も対象となる）、住宅を借りようとする者に対して、賃貸借契約締結に先立ち、書面を交付して、原状回復等に関する内容（「原状回復をめぐるトラブルとガイドライン」と同様の内容）を説明することを義務付けている（規制手法）ものである。

＜備考＞

「原状回復をめぐるトラブルとガイドライン」と同様、民々の契約関係等についての指針等の性格を有するものとして、国土交通省は、他にも、「賃貸住宅標準契約書」（平成5年策定、最終改正平成24年）、「マンション標準管理規約」（平成16年策定（それ以前も「中高層共同住宅標準管理規約」があった）、最終改正平成23年）などを策定している。

● 参考

契約書に添付する原状回復の条件に関する雛形（抜粋）

(引用：国土交通省HP)

原状回復の条件について

　本物件の原状回復条件は、下記Ⅱの「例外としての特約」による以外は、賃貸住宅の原状回復に関する費用負担の一般原則の考え方によります。
　すなわち、
・賃借人の故意・過失、善管注意義務違反、その他通常の使用方法を超えるような使用による損耗等については、賃借人が負担すべき費用となる
・建物・設備等の自然的な劣化・損耗等（経年変化）及び賃借人の通常の使用により生ずる損耗等（通常損耗）については、賃貸人が負担すべき費用となる
　ものとします。
　その具体的内容は、国土交通省の「原状回復をめぐるトラブルとガイドライン」において定められた別表1及び別表2のとおりですが、その概要は、下記Ⅰのとおりです。

Ⅰ　本物件の原状回復条件

　（ただし、民法90条及び消費者契約法8条・9条・10条に反しない内容に関して、下記Ⅱの「例外としての特約」の合意がある場合は、その内容によります。）

1　賃貸人・賃借人の修繕分担表

賃貸人の負担となるもの	賃借人の負担となるもの
【床（畳・フローリング・カーペットなど）】	
1. 畳の裏返し、表替え（特に破損していないが、次の入居者確保のために行うもの） 2. フローリングのワックスがけ 3. 家具の設置による床、カーペットのへこみ、設置跡 4. 畳の変色、フローリングの色落ち（日照、建物構造欠陥による雨漏りなどで発生したもの）	1. カーペットに飲み物等をこぼしたことによるシミ、カビ（こぼした後の手入れ不足等の場合） 2. 冷蔵庫下のサビ跡（サビを放置し、床に汚損等の損害を与えた場合） 3. 引越作業等で生じた引っかきキズ 4. フローリングの色落ち（賃借人の不注意で雨が吹き込んだことなどによるもの）

賃貸人の負担となるもの	賃借人の負担となるもの
【壁、天井（クロスなど）】	
1. テレビ、冷蔵庫等の後部壁面の黒ずみ（いわゆる電気ヤケ） 2. 壁に貼ったポスターや絵画の跡 3. 壁等の画鋲、ピン等の穴（下地ボードの張替えは不要な程度のもの） 4. エアコン（賃借人所有）設置による壁のビス穴、跡 5. クロスの変色（日照などの自然現象によるもの）	1. 賃借人が日常の清掃を怠ったための台所の油汚れ（使用後の手入れが悪く、ススや油が付着している場合） 2. 賃借人が結露を放置したことで拡大したカビ、シミ（賃貸人に通知もせず、かつ、拭き取るなどの手入れを怠り、壁等を腐食させた場合） 3. クーラーから水漏れし、賃借人が放置したため壁が腐食 4. タバコ等のヤニ・臭い（喫煙等によりクロス等が変色したり、臭いが付着している場合） 5. 壁等のくぎ穴、ネジ穴（重量物をかけるためにあけたもので、下地ボードの張替えが必要な程度のもの） 6. 賃借人が天井に直接つけた照明器具の跡 7. 落書き等の故意による毀損
【建具等、襖、柱等】	
1. 網戸の張替え（破損はしていないが、次の入居者確保のために行うもの） 2. 地震で破損したガラス 3. 網入りガラスの亀裂（構造により自然に発生したもの）	1. 飼育ペットによる柱等のキズ・臭い（ペットによる柱、クロス等にキズが付いたり、臭いが付着している場合） 2. 落書き等の故意による毀損
【設備、その他】	
1. 専門業者による全体のハウスクリーニング（賃借人が通常の清掃を実施している場合） 2. エアコンの内部洗浄（喫煙等の臭いなどが付着していない場合） 3. 消毒（台所・トイレ） 4. 浴槽、風呂釜等の取替え（破損等はしていないが、次の入居者確保のために行うもの） 5. 鍵の取替え（破損、鍵紛失のない場合） 6. 設備機器の故障、使用不能（機器の寿命によるもの）	1. ガスコンロ置き場、換気扇等の油汚れ、すす（賃借人が清掃・手入れを怠った結果汚損が生じた場合） 2. 風呂、トイレ、洗面台の水垢、カビ等（賃借人が清掃・手入れを怠った結果汚損が生じた場合） 3. 日常の不適切な手入れもしくは用法違反による設備の毀損 4. 鍵の紛失または破損による取替え 5. 戸建賃貸住宅の庭に生い茂った雑草

第4章
都市行政

　本章では、都市行政に関して、まず、都市行政の中核である都市計画法につき概観し、その後、実際のまちづくりについて、吉祥寺のまちづくりの取組みを説明することとしたい。

1　都市計画法

　都市においては様々な活動（工業、商業、居住等）が行われるが、諸活動に対し適切な都市空間の利用配分をしたり、限られた都市空間の中で稠密な形で行われる諸活動による集積の不利益が発生しないようにしたり、諸活動を支える都市基盤施設と適切な環境を維持する公共空間を確保したりするため、都市空間の形成・整備・保全・管理をコントロールする法システムの総体が都市法であり、その中の中核を占める法律が都市計画法である（その他、都市等における良好な景観の形成を促進するための景観法（平成16年法律第110号）等も重要であるが、ここでは割愛する）。

　以下では、都市空間のコントロールの仕組みを都市計画法にそって見ていくこととしたい。

（1）都市計画法（昭和43年法律第100号）

　同法は、「都市計画の内容及びその決定手続、都市計画制限、都市計画事業その他都市計画に関し必要な事項を定めることにより、都市の健全な発展と秩序ある整備を図り、もつて国土の均衡ある発展と公共の福祉の増進に寄与することを目的とする」（第1条）ものである。

　この都市計画法による都市空間のコントロールは、原則として都市計画

区域（なお、下記 iv 参照）において都市計画を定めることを通じて行われる（都市計画区域は全国で約 10.2 万㎢〔平成 24 年 3 月 31 日現在〕で国土面積 37.8 万㎢の約 27％が指定されている（同区域における人口は 1 億 1,979 万人で全人口 1 億 2,752 万人〔平成 24 年 10 月 1 日〕の約 94％を占める））。都市計画区域は、原則として都道府県知事が指定する。

以下、都市計画の概要を見てみよう。

ⅰ）「都市計画」の内容

都市計画は、都市の健全な発展と秩序ある整備を図るための土地利用、都市施設の整備及び市街地開発事業に関する計画であり、主なものは、①整備、開発及び保全の方針（第 6 条の 2）、②区域区分（市街化区域と市街化調整区域との区分）（第 7 条）、③地域地区（第 8 条〜10 条）、④都市施設（第 11 条）、⑤市街地開発事業（第 12 条）、⑥地区計画等（第 12 条の 4 〜第 12 条の 13）である（他に、都市再開発方針等、促進区域、遊休土地転換利用促進地区、被災市街地復興推進地域、市街地開発事業等予定区域がある）。

①は、都市が目指す将来像を明らかにするマスタープランであり、区域区分の方針、都市計画の目標、土地利用・都市施設整備・市街地開発事業の決定の方針等を定めるものである。なお、市町村においては、市町村の都市計画に関する基本的な方針（市町村マスタープラン）（第 18 条の 2）を定めるものとされている。

①に即して、その他の都市計画が定められるが、その内容は、大きく分けると、都市の空間利用を規律する計画（②③⑥等）、計画的な都市施設の整備のための計画（④）、計画的な市街地の整備のための計画（⑤等）となる（図 1（177 頁）参照）。

そのうち、②は無秩序な市街化を防止し、計画的な市街化を図るため、市街化区域（既成市街地及びおおむね 10 年以内に優先的かつ計画的に市街化を図るべき区域）と市街化調整区域（市街化を抑制すべき区域）を区分する計画（図 3（178 頁）参照）、③は土地の用途・空間利用（容積率等）を規律する用途地域（商業系 2、工業系 3、住居系 7 の 12 種。図 4（178 頁）参照）等の計画、⑥は地区の特性に応じて良好な環境の形成を図るた

めの計画であり、それらは図2（177頁）のように階層的・重層的な形になっている。これらは、私人の土地利用に制限を課する規制的手法による政策である。

また、④では、道路等の交通施設、公園等の公共空地、河川等の水路、水道・下水道・ごみ焼却場等の供給施設・処理施設、学校等の教育文化施設などが、⑤では、土地区画整理事業、市街地再開発事業などが定められる。

ⅱ）都市計画の決定（第15条）

一定のもの（①②等）は都道府県が、その他（⑥等）は市町村が決定する（なお、③④等については、一の市町村の区域を超えるような広域的あるいは根幹的なものは都道府県が、それ以外は市町村が決定する）。

ⅲ）都市計画の実現のための措置

都市の空間利用を規律する計画（②③⑥等）については、都市における開発行為や建築行為に関して、それらの計画に適合しているかをチェックする開発許可（第29条）や建築確認（建築基準法）により担保される。

また、計画的な都市施設の整備のための計画（④）、計画的な市街地の整備のための計画（⑤等）は、それらに係る事業（都市計画事業（第4章））を行うことによって実現する。都市施設の整備の事業は基本的に地方公共団体等が行う直接供給手法による政策である。また、市街地整備のための事業は、地方公共団体が行う直接供給手法によるもののほか、事業を行う私人（民間事業者等）に対して補助金の支給等を行う場合は誘導手法のうちの経済的インセンティブの手法による政策である。

（なお、これらの事業により整備された公園等は整備後には通常は道路法、都市公園法等に基づき管理される。）

ⅳ）その他

なお、都市計画区域外の区域についても、開発行為等により無秩序な土地利用が進んでしまうおそれがあるような区域については、準都市計画区域（第5条の2）を指定して、開発規制、建築規制を行うことができることとなっている。

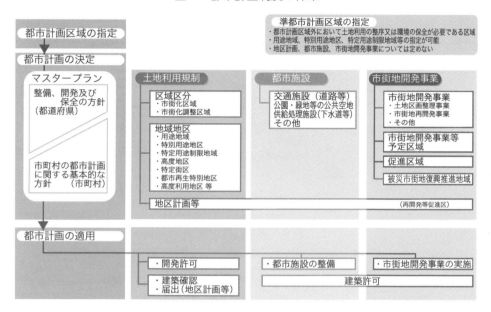

図1　都市計画制度の体系

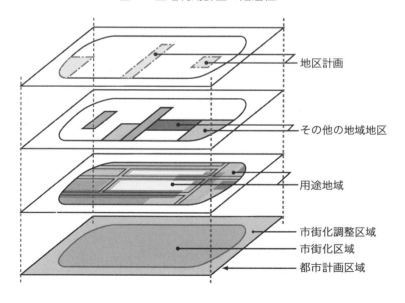

図2　土地利用計画の階層性

図3　区域区分（線引き）のイメージ

図4　用途地域の種類

第一種低層住居専用地域	第二種低層住居専用地域	第一種中高層住居専用地域	第二種中高層住居専用地域

低層住宅のための地域です。小規模なお店や事務所をかねた住宅や、小中学校などが建てられます。	主に低層住宅のための地域です。小中学校などのほか、150㎡までの一定のお店などが建てられます。	中高層住宅のための地域です。病院、大学、500㎡までの一定のお店などが建てられます。	主に中高層住宅のための地域です。病院、大学などのほか、1,500㎡までの一定のお店や事務所など必要な利便施設が建てられます。
第一種住居地域	第二種住居地域	準住居地域	近隣商業地域
住居の環境を守るための地域です。3,000㎡までの店舗、事務所、ホテルなどは建てられます。	主に住居の環境を守るための地域です。店舗、事務所、ホテル、カラオケボックスなどは建てられます。	道路の沿道において、自動車関連施設などの立地と、これと調和した住居の環境を保護するための地域です。	まわりの住居が日用品の買物などをするための地域です。住宅や店舗のほかに小規模の工場も建てられます。
商業地域	準工業地域	工業地域	工業専用地域
銀行、映画館、飲食店、百貨店などが集まる地域です。住宅や小規模の工場も建てられます。	主に軽工業の工場やサービス施設等が立地する地域です。危険性、環境悪化が大きい工場のほかは、ほとんど建てられます。	どんな工場でも建てられる地域です。住宅やお店は建てられますが、学校、病院、ホテルなどは建てられません。	工場のための地域です。どんな工場でも建てられますが、住宅、お店、学校、病院、ホテルなどは建てられません。

（出典：いずれも国土交通省HP）

（2）制定及び主な改正の経緯

（主に稲本洋之助・小柳春一郎・周藤利一『日本の土地法〔第2版〕』（成文堂　2009）を参考に作成した）

―――

＜制定（昭和43年）＞
　旧都市計画法（大正8年）を全面改正し、区域区分（市街化区域と市街化調整区域）の創設、開発許可制度の創設等

＜改正（昭和55年）＞
　地区計画制度の導入

＜改正（平成4年）＞
　用途地域の詳細化（居住系の用途地域を4種類追加し、全部で12種類となった）
　「整備、開発又は保全の方針」を都市計画制度化、市町村による「都市計画に関する基本的な方針」（市町村マスタープラン）作成権限の創設
　地区計画制度の拡充（土地所有者等による地区整備計画の作成要請の制度、市街化調整区域への拡大、誘導容積制度の創設）

＜改正（平成11年）＞　（地方分権一括法による改正）
　都道府県知事の都市計画事務（区域制定、線引き、開発許可等）の自治事務化
　関与の見直し（都道府県・市町村の行う一定の都市計画決定について大臣認可を（同意を要する）協議に変更（都市計画事業は認可維持））
　指定都市の権限拡充（都道府県並みに（ただし線引きを除く））
　一定の都市計画決定の権限の（都道府県から）市町村への移譲、特例市への移譲

＜改正（平成12年）＞
　地域の自主性を尊重し、特性を活かせる使い勝手のいい仕組みへの見直し
　・すべての都市計画区域に「都市計画区域の整備、開発及び保全の方針」の策定の義務化
　・線引き制度の見直し（原則として都道府県が判断）

- 開発許可制度の見直し（調整区域内の一定区域の開発許可基準の強化・緩和、既存宅地制度の廃止）
- 風致地区内の規制権限の見直し（条例制定権を都道府県から市町村に移譲）
- 特例容積率適用区域制度（容積率の移転）、立体都市計画制度の創設
- 準都市計画区域の創設

＜改正（平成14年）＞
- まちづくりに関する都市計画の提案制度の創設
- 地区計画制度の拡充（地区計画制度の一本化等）

＜改正（平成18年）＞
　人口減少・超高齢社会にふさわしいまちづくりを実現するための措置
- 広域にわたり都市構造に大きな影響を与える大規模集客施設（床面積１万㎡超の店舗、映画館、アミューズメント施設、展示場等）の立地の適正化の措置（大規模集客施設が立地可能な用途地域を見直し（現行の６から３へ限定）、非線引き白地地域等における立地規制（原則立地不可）、大規模集客施設の立地も認め得る地区計画制度（開発整備促進区）の創設）
- 準都市計画区域制度の拡充（農地を含む土地利用の整序が必要な区域等に広く指定できるよう要件を緩和等）
- 都市計画手続等の円滑化、広域調整手続の充実（都市計画提案権者の範囲を拡大等）
- 開発許可制度の見直し（市街化調整区域内の大規模開発を許可できる基準を廃止し、病院、福祉施設、学校、庁舎等の公共公益施設を開発許可等の対象とする）

2　具体のまちづくりの事例　～吉祥寺のまちづくり～

　ここでは、具体のまちづくりについて見ていきたいが、事例として、住みたいまちランキング等で全国1位に挙げられることが多い吉祥寺のまちづくりの取組みを取り上げたい。上記1で取り上げた都市計画の具体的内容等にもふれていきたい。

　吉祥寺は、大規模店舗と商店街などの商業施設が集積するとともに、井の頭公園や寺などの癒しの空間もあり、また良好な住宅街が広がっている地域である。新宿、渋谷へ電車で15分程度と、恵まれた立地環境による面もあるが、まちづくりの取組みにより、良好な都市空間が形成された部分も大きく、そのまちづくりの歴史、現状等について紹介することで、行政活動の重要性を学んでいくこととしたい。

※　吉祥寺のまちづくりに関しては、筆者の担当講義である「公共政策企画論」の授業において、武蔵野市吉祥寺まちづくり事務所松崎泰所長に講演いただいており、下記の記述も、その講演内容や、吉祥寺駅周辺再開発事業誌編集委員会編『21世紀への基盤づくり―吉祥寺駅周辺再開発事業誌』(武蔵野市発行　1989)、武蔵野市HPを参考にしている。

(1) 概況

　吉祥寺は、東京都武蔵野市に存する同市の商業集積地域である。武蔵野市は、1947年に市制施行され、面積約10.7km²、人口約14万人・人口密度km²当たり約1.3万人〔平成26年1月〕の都市であるが、主な歴史を見ると、1899年に甲武鉄道吉祥寺駅が開設され、関東大震災後の住宅の郊外化で人口が増加し、さらに高度成長期に東京のベッドタウンとして人口が急増した。まちの玄関口である吉祥寺駅(JR、京王井の頭線)の乗降客数(1日当たり)は約42万人〔平成24年度〕である。

吉祥寺の全景（下部の緑地は井の頭公園）

(資料提供　松崎泰氏)

（2）まちづくりの概要

　昭和39年に吉祥寺駅周辺の都市計画決定が行われ、それに基づき吉祥寺大通り・本町新道の整備、アーケードの設置、サンロードからのバスや自動車の排除等が実施され、昭和62年に一応の基盤整備が完了した。

　現在の吉祥寺のまちづくりについては、市の基本構想・長期計画（現在は「武蔵野市第4期基本構想・長期計画（2005～2014年度）」、「武蔵野市第五期長期計画（2012～2021年度）」）、「武蔵野市都市計画マスタープラン」（都市計画法第18条の2）、「吉祥寺グランドデザイン」（中長期を展望した吉祥寺のまちづくりの方針。2007年3月策定）、「吉祥寺グランドデザイン推進計画（進化するまち「ＮＥＸＴ－吉祥寺」プロジェクト）」に盛り込まれている。

　計画等の内容を具体的に見ると、以下のようなものとなっている。

ⅰ）「武蔵野市第五期長期計画」（「第6章 施策の体系」の「Ⅴ 都市基盤」より抜粋）

(1) 吉祥寺地区

　本計画の期間内に吉祥寺駅の大改修が完了予定であるが、これは数十年に一度の機会であり、魅力あるまちづくりにつなげる必要がある。特に近接する井の頭公園を活かしたまちづくりとともに、南口駅前広場の完成を急ぐ必要がある。そのため、進化するまち「ＮＥＸＴ－吉祥寺」プロジェクトに基づき、駅前広場や南北骨格軸の整備等を進めることで、「回遊性の充実」、「安全・安心の向上」を目指したまちづくりを推進する。

①交通環境の整備

　北口駅前広場では、タクシーやバス等の交通輻輳が課題となっている。また、駅南口ではパークロードを路線バスが通行する危険な状態が続いており、南口駅前広場の整備とともに、その改善を急ぐ必要がある。また、井の頭公園は貴重な資源であり、七井橋通りの整備等により、歩行環境を改善する。

②土地利用

　吉祥寺グランドデザインに基づきゾーンごとの課題に応じたまちづくりを推進するとともに、全体の回遊性を向上させることで、活性化及びブランド力の維持・向上を図る。駅周辺の公共施設については、吉祥寺地区に散在する市有地を有効活用し、長期的な視点で適正な配置について検討を進める。特に、武蔵野公会堂は築 50 年になろうとしており、施設の老朽化が進んでいる。商業エリアと井の頭公園の間の動線上に位置しており、同地の利活用はまちづくりの上でも大きな要素となる。これらのことを念頭に、公会堂敷地の利活用について検討を進める。

ⅱ）武蔵野市都市計画マスタープラン

　吉祥寺地域のまちづくりの目標として、「多様な緑の環境づくり～春夏秋冬に彩りを～」、「活力と創造性のある商空間づくり」、「人の交流や生きがい・やりがいを支援するまちづくり」、「だれもが安心して暮らせる住環境のあるまちづくり」の４つを掲げている。

　その上で、まちづくりの方針として、「住まう」「動く」「働く」「育てる・歳を重ねる」「憩う・遊ぶ・学ぶ・集う」の分野ごとに以下のような内容を掲げている。

「住まう」
・住宅地の良好なまち並みを保全、向上させる
・市街地の緑を大切に守り、さらに緑化を進める

- 災害に強く、安全な住宅地を形成する
- 環境への負荷が低いまちを創造する

「動く」
- 気軽に移動できる歩行者重視の道路を整備する
- 交通体系の整備改善を進める

「働く」
- 吉祥寺駅周辺の交通環境を整える
- 快適に歩ける通りや憩い集える場のある商業空間を形成する
- 多様な機能を持つ商業・業務地の魅力を高める
- 地域に身近な商店街を形成する

「育てる・歳を重ねる」
- だれもが生きがいを持って、地域で生活し活動できる環境を形成する

「憩う・遊ぶ・学ぶ・集う」
- ニーズに合った快適な公園緑地を整備する
- 公園緑地や学校などを緑の拠点とし、より豊かな自然環境を創造する
- 地域の緑や生物環境のネットワークを形成する
- 地域の文化や新たな歴史を創造する
- 地域や世代を越えた人と人との交流を支援する環境を整備する

(3) まちづくりの歴史

　以下では、吉祥寺の現在につながるまちづくりの具体的内容を、一部であるが取り上げてみたい。

　商業施設の立地など、まちづくりには民間の活力が大きなパワーとなっているが、それを支える基盤づくりや、調和のとれた計画的なまちづくりのための行政による誘導など、行政の果たす役割も大きいことが感じられると思われる。

ⅰ) 都市の回遊性づくり

　昭和39年の吉祥寺駅周辺の都市計画の決定や、昭和40年代前半における民間商業施設の立地などが進む中で、武蔵野市では、吉祥寺駅周辺街づくりの基本的な考え方をまとめ、民間開発の指針とした。その内容は、以下のような内容を含むものであった。

- 「中央線沿線における地域中心型商業地の造成を目標とする。」

- 「土地の立体的利用を含めて、歩行動線と車動線を可能な限り分離する。」
- 「歩行者の面的な回遊性を高めるため、駅から200m程度離れた地区に大型核店舗の配置を考慮し、既存商店街を包む形とする。」
- 「街区構成上、必要な区画道路を設ける。」

　この考え方に従って、例えば、東京近鉄百貨店の進出計画について、市、地元商店街いずれも、駅から一定距離離れた立地計画であり、顧客の動線が拡大し、商業地域の拡大につながるとして、進出に歓迎の姿勢をとった（同百貨店は昭和49年5月にオープン）〔下記地図の「旧三越（改装中）」の場所〕。同様に、吉祥寺名店街の場所に東急百貨店吉祥寺店が進出した（同店は昭和49年6月にオープン）。

　このように吉祥寺駅から一定程度距離をおいた場所に大型店が立地するよう誘導することにより、現在の吉祥寺のまちの回遊性が生まれ、魅力的な都市空間が形成されている。

平成18年頃の吉祥寺駅周辺の商業施設立地
(図中、「旧三越」の場所が東京近鉄百貨店のあった場所)

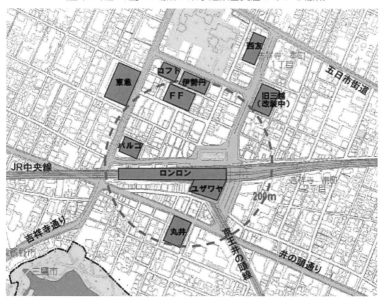

(資料提供　松崎泰氏)

ⅱ）北口駅前広場整備事業

　吉祥寺駅周辺の再開発は、戦後いち早くその必要性が叫ばれ、昭和20年代後半から、何度となく構想案が検討されてきたが、ようやく、昭和39年10月に吉祥寺駅周辺の都市計画が計画決定され、その中に吉祥寺駅北口広場の計画も含まれた（広場の面積10,400㎡）。昭和41年12月に都市計画事業の認可を受け、事業に着手した。事業期間は当初7年間で計画されたが、広場整備のための用地買収が難航し、大幅に遅れた。昭和58年5月に就任した新しい市長が、用地買収の早期解決のため、用地部のメンバーを一新し、武蔵野市開発公社の執行体制も強化し、土地収用法適用の準備もした上で、未買収地27件の買収交渉を進めた結果、強制収用に至ることなく任意で買収契約が成立し、61年4月に土地の引渡しが完了した。その後、広場の造成工事を進め、昭和62年3月に工事が完了した。事業決定から21年でようやく完成したわけである。

　吉祥寺駅北口駅前広場の完成によって、①武蔵野市の東の玄関口にふさわしい景観形成と有効な空間が確保され、②歩道の新設や横断歩道の増設によって、新たな歩行者動線を生み出し、商業施設などへの回遊性が増し、③広場内の交通動線の輻輳を避けるため、タクシーの乗り入れを制限したことで、バスや荷さばき車両の運行が円滑になり、安全性と交通の負荷が軽減するなど、大きな効果があった。

　ここからは、関係者との調整の困難さ、他方で行政のスタンス等による事業進捗、公共事業によるまちづくりへの効果などが感じ取れる。

都市計画決定（昭和 39 年）

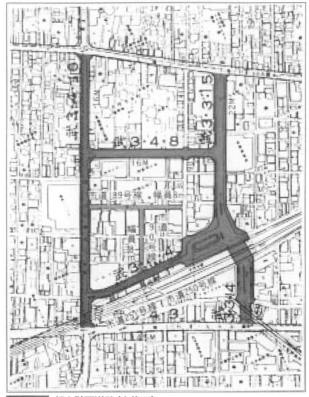

■ 都市計画道路（市施工）
■ 都市計画道路（都施工）
■ 区画道路、市道認定路線

北口駅前広場（左は昭和 41 年当時、右は昭和 63 年当時）

(出典：武蔵野市 HP)

第5章
河川行政

　本章では、河川行政に関して、まず、具体的事業例により事業内容と機能・役割について見ていくとともに、河川行政の実施主体について、組織体制等を含め説明することとしたい。加えて、河川行政の基本となる法律である河川法について、いわゆる「公物管理法」の１つであるという側面からの特色に着目しつつ、その内容を見ていくこととしたい。

1　河川行政の内容・機能・役割

　河川行政は、治水（洪水等による災害の防止）、利水（河川の流水の使用）、環境（河川環境の整備・保全）を目的として、河川の管理（堤防、ダムの整備や、河川使用の許可等）を、国、都道府県等が行う行政活動である。
　したがって、大きくいって給付行政の一種で、堤防、ダム等の整備を行う直接供給手法による行政活動が中心となるが、河川法に基づく河川使用の許可等の規制手法も講じられる。

（1）具体的事業事例とその機能・役割

　まず、河川行政の事業内容と機能・役割について、治水・利水・環境の面から、具体的事業を例に、見ていくこととする。

（参考）主な治水事業の内容（以下で紹介する事業以外のもの）

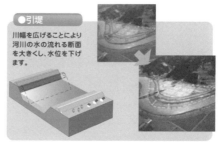

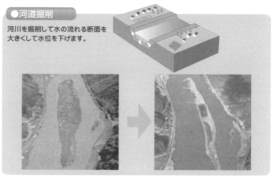

ⅰ）治水

○放水路（狩野川放水路）

　静岡県の伊豆半島を流れる狩野川は、下流部には川幅の狭い区間があり、洪水が流下しにくい地形になっているため、昭和23年アイオン台風や、昭和33年の狩野川台風等で大きな被害（狩野川台風では死者684名・行方不明者169名等）を受けた。このため、洪水を分流し、中下流部の洪水被害を軽減する目的で、狩野川放水路を整備した。これにより、洪水時の狩野川本川の水位を低下させ、洪水被害を防止・軽減する効果を発揮している。

狩野川台風による被害状況
（昭和33年9月）

狩野川放水路	放流中の狩野川放水路（分派地点）

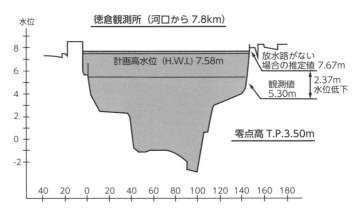

放水路の有無による水位の比較

（出典：国土交通省中部地方整備局HP）

○放水路（首都圏外郭放水路）

　利根川等の大河川に囲まれた低平地である中川・綾瀬川の流域における洪水による被害軽減のため、首都圏外郭放水路が整備されている（平成4年度に事業着手、平成18年に完成）。この放水路は、地底50m、総延長6.3km、最大内径11mのトンネルで、中川など中小河川の洪水の一部を江戸川に放流するために、各河川間を結ぶ地下河川を建設したものである。

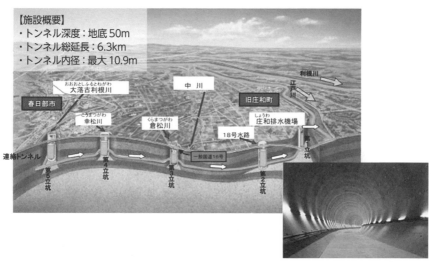

トンネル内部状況写真

　平成16年10月の台風22号では東京ドーム5.4杯分もの洪水を地下に貯め、江戸川に排水し、その結果、春日部市、杉戸町、幸手市などの浸水被害を大幅に軽減した。

（出典）国土交通省HP

○ダム（徳山ダム等）

　濃尾平野には、木曽三川とよばれる木曽川・長良川・揖斐川が流れ、それらの氾濫と闘う長い歴史（薩摩藩による宝暦治水（三川分流）等）があるが、徳山ダムは、下流の横山ダムとあわせて、揖斐川の洪水被害防止等のために建設されたダムである（徳山ダムは、上記の治水の他に、利水（新規利水・発電）、環境（河川に常時一定の水を流す）という複数目的をあ

わせ持つ多目的ダムである)。

　徳山ダムは、総貯水容量日本一(約6億6千万㎥、浜名湖の約2倍分)のロックフィルダムで、ダム建設による水没面積は約1,300haにも及び、旧徳山村の全466世帯(約1,500名)の方々に移転いただいた上で、建設工事を行い、平成20年に完成した。

徳山ダム、横山ダムの洪水調節による効果

　平成26年8月豪雨(台風11号)の際に、徳山ダムと横山ダムの洪水調節により水位を2m低下させ、浸水被害を回避(ダムがなく堤防が決壊していた場合には大垣市街地が浸水するおそれがあった)した。

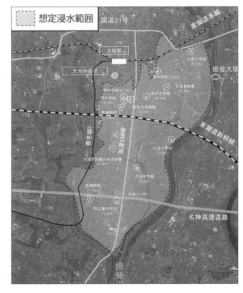

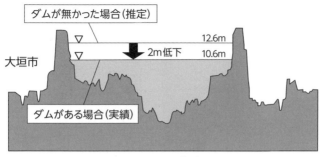

万石地点：岐阜県大垣市

（出典）国土交通省 HP

ii）利水

　近畿圏では、昭和53年の渇水により161日の給水制限があり、住民の生活等に大きな影響が生じた。その後、ダム（一庫ダム等）の整備や、琵琶湖開発事業（水位が低くなっても琵琶湖の水を取水できるようにする取水施設の沖出し等の事業）などにより、大阪府等での都市用水等の確保を行った。これにより、より厳しい少雨であった平成6年の列島渇水では給水制限が44日に減少した。

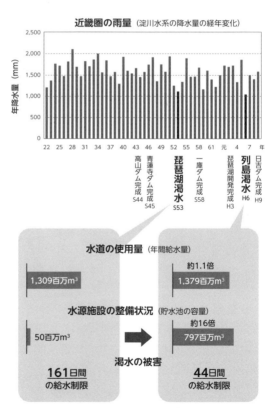

大阪府の水道の水源施設の整備と渇水被害

（出典）国土交通省 HP

一庫ダム（水資源機構）

（出典：一庫ダム管理所HP）

ⅲ）河川環境の整備保全

　動植物の良好な生息・生育環境の保全、旧河道を活かし蛇行河川の再生、コンクリート化された護岸の環境再生等によって良好な河川環境の保全・復元を行っている。

　また、汚泥の浚渫、浄化施設の整備、浄化用水の導入等によって水質の改善等を行っている。

○多自然川づくり（貫川（北九州市））

○水質浄化（綾瀬川（埼玉県））

（出典：国土交通省HP）

(2) 河川事業の全般的効果

　河川事業の全般的効果について治水面を例にして見てみると、我が国の戦後の自然災害による被害状況に着目すると、地震は別にすると、枕崎台風、カスリーン台風、伊勢湾台風など、洪水、高潮を原因とする大きな災害が生じていたが、河川、海岸事業等の効果もあって、最近では、多くの犠牲者を出すような洪水等の災害被害は生じていない状況が見てとれる（ただし、ゲリラ豪雨等による土砂災害による被害は依然として発生している）。

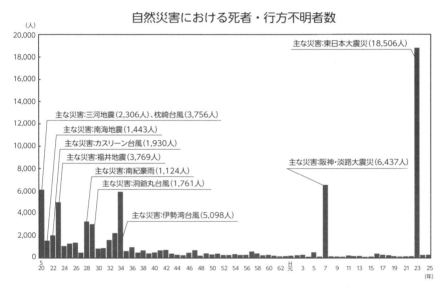

自然災害における死者・行方不明者数

（出典：平成26年版防災白書）

一歩先へ

　上述のように河川行政は、治水・利水・環境の3つの目的を持って行われている。うち、利水は、ダムにより開発された水が生活用だけでなく、工業用など産業用にも供給されており、産業・経済の発展に資する面があることは理解されやすいが、治水についても、市街地等における水害発生の防止という点にとどまらず、治水事業による安全性の向上により地域開発の促進に寄与する面もあり、国土開発にも機能する事業といえる。歴史的にも、例えば、現在の荒川河口部は、頻発した洪水から東京の下町を守るため行われた荒川放水路事業（大正13年通水・昭和5年完成。用地買収・家屋移転（1,300世帯）の上、新規開削等を行った）によって整備された人工河川であるが、この事業により、江東区、荒川区の産業基盤としての安全性・利便性が飛躍的に増し、その後、工場群進出が本格的に展開されたことから、荒川放水路工事は都市産業の基盤整備であったと評価されている（松浦茂樹『国土の開発と河川―条里制からダム開発まで―』186頁（鹿島出版会　1989））

2　河川行政の主体・体制

(1) 河川行政の実施主体

　河川管理の主体は、主に国と都道府県である。

　その管理の分担は、河川法により、以下のように定められている。

　まず、一級河川は、国土保全上又は国民経済上特に重要な水系（一級水系）に係る河川として国土交通大臣が指定し、国土交通大臣が管理するが、国土交通大臣が直接管理する必要が必ずしもない区間（指定区間）については、都道府県知事（又は政令指定都市の長）に管理を委任している。

　他方、二級河川は、一級河川以外で公共の利害に重要な関係があるものに係る河川として都道府県知事が指定し、都道府県知事が管理する。

　※なお、一級河川及び二級河川以外の河川の中から市町村長が指定し、市町村長が管理する準用河川もある。また、それ以外の河川は普通河川として、市町村財産として市町村により管理されている。加えて、独立行政法人である水資源機構が管理している多目的ダム等もある。

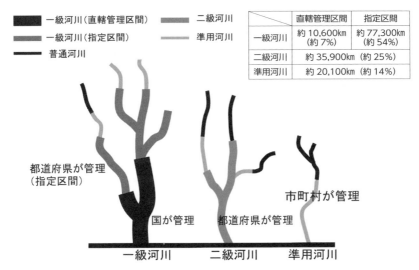

（出典：国土交通省HP）

　例えば、東京都内の河川で見ると、一級河川としての多摩川水系、荒川水系等の92河川、二級河川としての15河川があり（合計して107河

川、約858km)、このうち、荒川や利根川など、国土交通省が管理する河川を除く105河川、約711kmを東京都が管理している(なお、東京都管理河川のうち、区部の46河川については、区が管理を行っている。また、この他、区市町村が指定・管理する準用河川が20河川、約33kmある)。

(引用:東京都HP)(一部加工)

(2) 管理の体制・組織(国の組織の例)

　国の組織としては、河川行政の所管府省は国土交通省(担当部局は水管理・国土保全局)である。その下に地方支分部局として8つの地方整備局があり、さらにその下に河川事務所等があり、実際の事業の実施や管理の事務を行っている。

　例えば、千葉県等を流れる一級河川である江戸川は、関東地方整備局の下にある江戸川河川事務所が担当して河川管理を行っている。江戸川河川事務所は、江戸川の他に、中川、綾瀬川、北千葉導水路、綾瀬川放水路等の総延長105.8kmの河川を管理している。前記の首都圏外郭放水路の整備・管理も同事務所の管轄である。

　実際の河川管理について、どのような業務を、どのような体制で行っているかを見るために、同事務所の組織体制を見ると、事務所長の下に、総務系、事業系等の14の課と、8つの出張所等を有し、全職員135名(平成26年4月1日現在)、事業費(平成26年度当初予算)156億円で事業を行っている(同事務所HPより)。

2 河川行政の主体・体制

事務所長		
	副所長(事務)	
	副所長(工事)	
	副所長(調査)	
	契約事務管理官	
	用地対策官	
	工事品質管理官	
	事業対策官	
	建設専門官(2)	
	上席専門職	
	用地官(2)	
	建設監督官(2)	
	占用調整指導官	

課	業務内容
総務課	職員の福利厚生、人事、給与、研修等に関する事務等
経理課	契約、国有財産、物品、予算、歳入・歳出に関する事務等
用地第一課	江戸川に係わる用地・補償事務等
用地第二課	中川・綾瀬川に係わる用地・補償事務等
工務第一課	河川改修事業等に関する設計積算及び工事に関する調整等
工務第二課	河川・道路・公園事業に関する営繕関係の業務全般
計画課	河川改修事業に係わる計画・調査及び設計、総合治水対策等
品質確保課	発注手続きに関する業務の総括、工事検査に関する業務、品質確保施策に係わる調査・整理に関する業務、新技術活用の促進に関する業務
調査課	水文水質調査、低水管理、渇水対応、河川環境整備の計画・調査、広報等
沿川整備課	高規格堤防整備事業及び首都圏氾濫区域堤防強化対策の調査・計画に関する業務等
管理課	河川維持工事に関する設計積算、河川管理施設の管理運営及び操作要領の策定、水質事故対応、河川法申請手続きに関する技術的審査、河川愛護等
防災対策課	洪水及び地震対応、災害・防災対策計画に関する業務、防災関連施設の計画及び設計に関する業務、防災情報システムに関する業務、電気通信施設に関する業務等
占用調整課	河川法に関する許認可事務全般
施設管理課	ゲート・ポンプ等機械設備・管理設備の設計施工及び維持管理に関する業務、車両・船舶等建設機械類に関する業務等

出張所(河川工事の監督、施設のメンテナンス、河川巡視や河川敷を利用する際の許可窓口):
- 江戸川上流出張所
- 運河出張所
- 江戸川河口出張所
- 松戸出張所
- 中川出張所
- 中川下流出張所
- 三郷出張所
- 首都圏外郭放水路管理支所

3　河川事業

　ここでは、河川行政の中心である堤防、ダム等の整備を行う河川事業について見ていく。事例としては、ダム事業を取り上げる。

(1) ダム事業の過程

　ダム事業は、大きく分けると、ダムの建設と、建設されたダムの管理に分けられる。

　また、建設事業は、計画を立て、建設工事を行うものであるが、ダム事業では、上述の徳山ダムのように、ダムの堤体を建設する場所だけでなく、洪水等を貯水するための広大な用地が必要となり、その水没予定地が居住地である場合は、居住者の方の土地を買収し、家屋を移転していただく必要があるため、そのための用地補償業務も重要な業務となる。

　以下、徳山ダムを事例として、事業内容を概観することとしたい。

(2) 用地補償業務の内容

ⅰ) 用地補償業務の概要

　用地補償（一般補償）業務の大まかな流れは、補償対象の土地・建物等の測量・調査、補償金額算定、説明と交渉、契約締結、補償金支払いである（なお、水没する道路の付け替え等の公共補償業務もある）。一般補償の基準としては、「公共用地の取得に伴う損失補償基準要綱」（昭和37年閣議決定）があり、補償の対象、補償の仕方、額の算定などの基本的な基準が示されており、同要綱に基づき補償を行う。なお、任意で用地取得等

が困難な場合は、事業認定を得た上で、土地収用法による収用手続により土地取得等を行う場合もある。

ⅱ）ダムの用地補償の特色

　ダムの用地補償の場合は、権利者が多数に及ぶこと、地域社会自体が失われることが多いことなどから、建設予定地の住民等で構成された組織（「ダム対策協議会」等）との交渉を行い、土地の補償単価などを定めた「補償基準」を締結した上で、各土地所有者等と個別の補償交渉を行い、契約、補償金支払いを行うことが通常である。また、生活再建措置として、集団移転地の造成等を行う場合もある。

ⅲ）徳山ダムの用地補償業務の内容

　徳山ダムにおける用地取得等の経過を見ると、昭和32年に徳山ダム構想が初めて公表され、昭和46年に徳山村及び同村徳山ダム対策委員会と建設省で「徳山ダム実施計画調査立入りに関する確認書」を締結した上で、土地家屋など補償対象物件の調査を行い、（その間、昭和48年に水資源開発公団〔現在の水資源機構の前身〕が徳山ダムの事業主体となった）、昭和58年に公団が徳山ダム対策同盟会と「徳山ダム建設事業に伴う損失補償基準」について妥結調印した。

　その上で、宅地、家屋の取得、世帯移転契約を開始し、平成元年に旧徳山村（徳山村は昭和62年に廃村になった）の全8地区466世帯との世帯移転契約を完了した。その後、水没地の共有山林、付替国道用地の取得契約を進めた。ただし、一部の土地は、任意での用地取得が困難な状況であったため、土地収用法に基づく事業認定を得、収用手続により所有権を取得している。

旧徳山村8地区

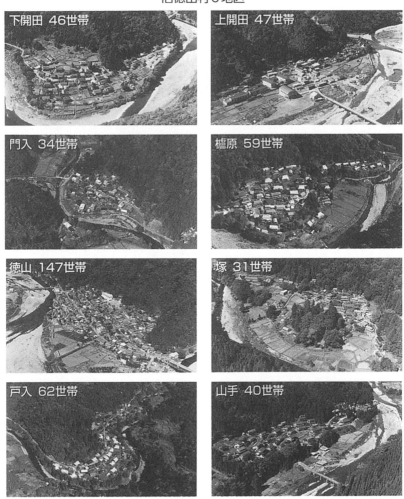

(出典：水資源機構徳山ダム管理所HP)

■トピックス

　公共事業等において用地補償業務を専門的に行う用地職員の業務等に関して記された内容を一部紹介したい（『ダム便覧2014』（一般財団法人日本ダム協会が運営するダムの総合情報サイト）中のダムの用地補償にかかわったＮさんによる「後輩に伝えたい、私の経験〜ある用地職員の思い〜」（同サイトの「テーマページ」→「用地補償」）より要約・抜粋）。

　まず、Ｎさんの業務や思い出として、Ｎさんが担当したＡダム（上記の徳山ダムではない）は、100を超える世帯が水没移転することとなったが、ダムに対する認識の違い、地縁、血縁関係から６つの交渉団体に分裂しており、役場の協力を得ながら、関係者に何度も足を運んで内５つの団体を１つにまとめる調整に苦労されたことが記されている。
　また、補償金にかかる税金対策に関して水没移転者の代役を務めた際の話として、次の内容が記されている。
　　「水没移転者があなたに全て任せる。税務署が金を払えと言えば払うと言ってくれました。その言葉を聞いた時にそこまでよく信頼してくれたという嬉しさと責任の重大さを感じました。」
　「水没者の懐に飛び込む」ことの重要性については、次の内容が記されている。
　　「ダムにおける補償は、水没移転者の土地等を根こそぎ取得してしまいます。そのため生活再建の失敗は許されません。だから、水没者の懐に入り、他人に知られたくないことでも聞き出すことが必要になります。例えば、自分の子供は病弱だから自分が年老いても面倒を見なければならない。病院は近いところが良い。借金が沢山あって心配だ。今後どの様に生活していくのか等。生活再建への心配事、不都合な事実があったら、それを前提にどうしたら移転先で生活再建ができるかを一緒に考えなければなりません。」

　その上で、「用地職員の心構え」として、例えば、次のような内容を挙げている。
・「信頼を得る」
　　（用地職員は事業者の顔として「事業者は信頼できる」と思われるようにしないといけない。）
・「相手の立場に立って」
　　（事業者の理論だけを押しつけてはいけない。水没移転者等の不安、要望を把握できるのは、常に地元に接している用地職員であり、それらの方の主張・要望が正しいと思ったら実現できるよう、他の事例を探したり、事業者内部全体で検討したり、県・市町村などと相談したり

すること、また、どうしても要望が実現できないなら、その理由を早く明確に説明することが大事。）
- 「現状を疑うことも必要」
（現状を直ちに肯定せず、疑い、あるいは否定することも必要。そうでなければ、創意工夫、新しい発想はでてこない。）
- 「攻めの交渉を」
（守りの交渉では相手を納得させることはできない。攻めの交渉には質（交渉の内容）、量（交渉の回数）ともに重要。）
- 「一人一人を大切に」
（100人関係者がいれば、我々にとっては一人の関係者は1／100となるが、関係者からすれば事業者は1／1である。）
- 「補償は公正、公平に」
（公平とは関係者間に不平等を生じさせてはならないということ。ゴネ得を許したら、先に協力してくれた方から反発、不信を招くことになり、事業者への信頼を一挙になくしてしまう。）
- 「法・理・情」
（「公共事業は、法にかない、理にかない、情にかなったものでなければならない」（下筌・松原ダム建設の反対運動（蜂の巣城紛争）の中心人物室原知幸氏の言葉）。また、あるダム関係者は「理解はできても納得できない」と言った。用地交渉は、説明、説教とは違う。相手に納得してもらうには何をすべきかを考えて行動しなければならない。）

　用地補償業務は、河川事業の中でも、治水サービスを国民・住民に直接供給する業務ではなく、事業を行うために協力いただく土地所有者等の方との交渉等を行う（ある意味で裏方的な）業務であるが、逆にそれだけに、事業によって影響を受ける関係者へ寄り添うことの重要性や用地職員の気概などが伝わり、行政活動のどのような業務においても、責任ややりがいがあること、また、そのために業務を進める上で心構えをしておかないといけないことも大変理解できる内容である。

（3）建設工事の内容

　ダムの本体工事（基礎工事、堤体・洪水吐工事、管理設備工事）に加えて、ダム堤体の工事をするための現河川の付け替え（転流工事）や、ダムに水没する現道路の付け替え工事も行う。

▲基礎掘削工事が完了し、盛立工事に着手した徳山ダム（平成 14 年 10 月）

▲コア・フィルタ・ロックの盛立工事のようす（平成 17 年 9 月）

▲材料を運ぶ大型重機（平成 16 年 8 月）

▲洪水吐工事（平成 16 年 6 月）

（4）管理事業

　完成したダムの機能を維持・発揮させるため、ダム管理所を設け、洪水時のダム操作に加え、施設の点検、ダム貯水池の水質調査、周辺のパトロール等を日常的に行っている。

ダムの操作

施設の点検

（出典：いずれも水資源機構徳山ダム管理所 HP）

4　河川法

(1) 河川法の内容

　河川行政に関する基本的な法律は、河川法（昭和39年法律第167号）である。

　河川法は7章109条（枝番号の条項を含めると全130か条）からなり、以下のような構成となっている。

```
第1章　総則（第1条―第8条）
第2章　河川の管理
    第1節　通則（第9条―第15条の2）
    第2節　河川工事等（第16条―第22条の3）
    第3節　河川の使用及び河川に関する規制（第23条―第53条の2）
    第4節　河川保全区域（第54条・第55条）
    第5節　河川予定地（第56条―第58条）
第2章の2　河川立体区域（第58条の2―第58条の7）
第2章の3　河川協力団体（第58条の8―第58条の12）
第3章　河川に関する費用（第59条―第74条）
第4章　監督（第75条―第79条の2）
第5章　社会資本整備審議会の調査審議等及び都道府県河川審議会（第80条―
    第86条）
第6章　雑則（第87条―第101条）
第7章　罰則（第102条―第109条）
附則
```

　河川行政は、堤防、放水路、ダム等の（河川管理施設の）整備を行う事業行政（直接供給）が1つの中核となっているが、河川法において整備事業の内容を定めているのは、第2章第2節の「河川工事」に関する部分に限られており、河川工事等の方針である河川整備基本方針（第16条）、河川の整備（堤防、ダム等の整備）の内容を定める河川整備計画（第16条の2）などの規定が置かれている（なお、これらの規定は平成9年の河川法改正により設けられた規定であり、河川管理者が河川整備計画の案を作成しようとする場合において必要があると認めるときには公聴会の開催等

関係住民の意見を反映させるために必要な措置を講じなければならない旨の規定などが置かれ、地域の意見を反映した河川整備が進められている）。

その他、河川法では、河川の管理主体や管理方法、河川区域内の土地の使用の規制（占用許可等）、河川の流水の使用の規制（水利使用許可）など、河川という「公物」の管理に関する内容を定めている（いわゆる「公物管理法」の1つ）。

一級・二級河川の管理主体については上述したので、ここでは、後者を中心に見ていくこととしたい。

ⅰ）河川の使用関係

河川は、道路、公園等と同様、「公物」（国・地方公共団体が行政目的を達成するために、公の目的に供される有体物）のうち、直接に一般公衆の利用に供される「公共用物」である。

したがって、他の公共用物と同様、河川も、本来は、散歩、釣りなど、自由な使用が認められる（「自由使用」と呼ばれている）。

しかし、例えば、河川敷や水流の中に工作物を設置したりする行為は、散歩等の自由使用を妨げたり、河川の流水の流下を阻害したりするため、そのような使用については（一般的に禁止した上で個別に支障がないかを判断して認める）許可制にしている（「許可使用」と呼ばれている）。

さらに、河川から砂利や水を採取するなど、一般には許されない特別の独占的使用権を設定して使用を認める場合が例外的にある（「特許使用」と呼ばれている）。

ⅱ）河川区域内の土地の使用の規制

上記のように、河川の管理上、河川を構成する土地について、河川管理者の許可等、利用について規制をする必要があるが、その規制の対象となる範囲が「河川区域」である。

この河川区域は、通常、下図のように、堤防等（河川管理施設）の敷地と流水が流れる堤防内の土地（河川管理上は「堤外地」と呼び、市街地側を「堤内地」と呼んでいる）である（なお、208頁の下側の図の①②は

河川法上当然に河川区域となり、③の区域を河川管理者が指定し、①②③あわせた区域が「河川区域」となる〔同法第6条第1項〕。

この河川区域内で工作物の設置等するような場合（同法第24・26条）や、土砂等を採取する場合（同法第25条）は、上述のように、河川管理者の許可が必要とされている。

（なお、堤防等の隣接地での土地掘削等を制限するため河川保全区域が指定されることもある）

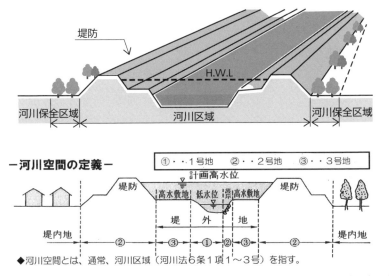

(出典：国土交通省HP)

ⅲ) 河川の流水の使用の規制

また、上述のように、河川の流水を占用（排他的・独占的に継続して使用すること）しようとする場合も、河川管理者の許可が必要とされている（同法第23条）。この流水を利用する権利は一般に「水利権」と呼ばれ、その用途は、灌漑用（農業用水用）、水力発電用、鉱工業用、上水道用、養魚用、消雪用など様々ある（なお、旧河川法の制定以前から流水を利用していたものは「慣行水利権」と呼ばれている）。

異常渇水時には、水利権者間あるいは河川管理者が間に入って、水利使用の調整を行うような規定も置かれている（同法第53条）。

> **一歩先へ**

　河川管理においては、水害の発生による管理上の瑕疵が問題となる場合も多く、公物管理の内容を知る上で参考となるので、以下に代表的な判例を紹介することとしたい。

　大東水害訴訟最高裁判例（最判昭59.1.26民集38巻2号53頁）では、河川が（道路等の人工公物と異なり）自然公物である点が強調され、河川はもともと洪水等の自然的原因による災害をもたらす危険性を内包しているものであり、その安全性の確保は、治水事業によって達成されるものであるが、治水事業には財政的、技術的及び社会的諸制約があることから、「河川の管理についての瑕疵の有無は、過去に発生した水害の規模、発生の頻度、発生原因、被害の性質、降雨状況、流域の地形その他の自然的条件、土地の利用状況その他の社会的条件、改修を要する緊急性の有無及びその程度等諸般の事情を総合的に考慮し、前記諸制約のもとでの同種・同規模の河川の管理の一般水準及び社会通念に照らして是認しうる安全性を備えていると認められるかどうかを基準として判断すべきである」とした上で、現に改修中である河川については、「一般に施行されてきた治水事業による河川の改修、整備の過程に対応するいわば過渡的な安全性をもって足りるものとせざるをえない」として、改修計画が全体として過去の水害の発生状況その他諸般の事情を総合的に考慮し、河川管理の一般水準及び社会通念に照らして、格別不合理なものと認められないときは、特段の事由が生じない限り、河川管理に瑕疵があるとすることはできないと解すべきであるとした（本判決に対しては、行政の対応を事実上追認するものとの批判がある）。

　ただし、その後、改修済み河川である多摩川水害訴訟においては、最高裁（最判平2.12.13民集44巻9号1186頁）は、改修済み河川の河川管理の瑕疵の有無は、河川改修の計画（工事実施基本計画）に定める規模の洪水からの災害の発生を防止するに足りる安全性を備えている必要性があるとしている。

　なお、河川の中でも、ダム等の人工的施設については、洪水時のダム操作等の妥当性が問題とされる場合も多い。

（2）河川法の制定及び主な改正の経緯

（河川法研究会編著『改訂版　［逐条解説］河川法解説』（大成出版社 2006〔第2版〕）をベースとして作成した。）

＜制定（昭和 39 年）＞

　旧河川法（明治 29 年）を廃止し、現行の河川法が制定された。

　その制定の理由は、治水を主な目的として区間主義で主に都道府県知事により行われていた旧法における河川管理について、新憲法等による都道府県知事の位置付けや国民の権利義務の関係の変化、水系一貫した治水対策や広域にわたる水資源開発の必要性等を踏まえ、水系一貫の管理体系の確立、国による直接管理の導入、利水に関する規定の整備、河川管理のための行政権行使と国民の権利義務に関連する必要な規定の整備等を行ったものである。

＜昭和 47 年＞

　水需要のひっ迫する都市地域への水の供給の確保等のため、流況の異なる河川間を連絡し、ある河川から他の河川へ流水を導入することにより、河川の浄化、内水排除等の治水環境の改善、水資源の効率的利用を図る流況調整河川制度を創設した（あわせて水の供給を受ける者に費用を負担させる特別水利使用者負担金制度も創設した）。また、小河川における河川管理に支障を及ぼす工作物設置等を防止できるようにするため、一級・二級水系内の末端の河川について河川法を準用できるよう、準用河川制度を拡大した。

＜昭和 62 年＞

　市町村長が、指定区間の一級・二級河川について河川管理者と協議して一定の河川工事・河川維持を行うことができるようにする市町村施行制度を創設した。

＜平成 3 年＞

　高規格堤防（その敷地の大部分の土地が通常の利用に供されても洪水に対して耐えることができる規格構造の堤防）の区域の土地利用を規定する

高規格堤防特別区域制度を創設した。

＜平成 7 年＞

　河川立体区域制度（河川区域を地下又は空間について立体的に指定できる制度）を創設した。

＜平成 9 年＞

　河川法の目的規定に「河川環境の整備と保全」を加えた。また、地域の意向を反映した計画制度（河川整備計画）の創設、異常渇水時の円滑な水利使用を調整するための水利調整制度の創設、堤防やダム貯水池周辺の樹林帯を河川管理施設として整備・保全することができるようにする樹林帯制度の創設を行った。加えて、水質事故等について原因者に処理・費用負担させるための必要な措置、河川管理者が不法係留船の売却・廃棄等を迅速な手続で行うことができるための措置を講じた。

＜平成 11 年＞

　地方分権一括法により、一級・二級河川の管理を法定受託事務、準用河川の管理を自治事務とする整理等を行った。

＜平成 12 年＞

　政令指定都市の長が原則として都道府県知事と同様の河川管理を行うことができるよう措置するとともに、一級河川の直轄区間において市町村長による河川工事等を行うことができるよう措置した。

第6章
バリアフリー行政

　本章では、バリアフリー行政全般の広範な取組みと、バリアフリー法の内容を見た上で、バリアフリー法の前身であった交通バリアフリー法等の政策策定経過を見ていきたい。

1　バリアフリー・ユニバーサルデザイン行政の内容・役割・機能

（1）施策の全体像

　障害の有無や年齢といった個々人の属性や置かれた状況にかかわらず、国民一人ひとりが自立し、互いの人格や個性を尊重し支え合う共生社会の実現に向けた環境を整備していくためには、まずは、障害者、高齢者、妊婦や子ども連れの方々が社会生活をしていく上でバリアとなるものを除去するとともに、新しいバリアを作らないことが必要である。すなわち、物理的な障壁のみならず、社会的、制度的、心理的なすべての障壁に対処するという考え方（「バリアフリー」）とともに、施設や製品等については新しいバリアが生じないよう誰にとっても利用しやすくデザインするという考え方（「ユニバーサルデザイン」）が必要であり、この両方に基づく取組みを併せて推進することが求められる。

　このため、政府においては、「バリアフリー・ユニバーサルデザイン推進要綱」（平成20年3月28日決定）を策定し、バリアフリー・ユニバーサルデザインを推進している。

　具体的には、以下のような取組みが行われている。

ⅰ）生活環境の分野では、住宅・建築物、公共交通機関や歩行空間などのバリアフリー化を図るため、平成18年には、「ハートビル法」（正式

名称は「高齢者、身体障害者等が円滑に利用できる特定建築物の建築の促進に関する法律」(平成6年法律第44号))と「交通バリアフリー法」(正式名称は「高齢者、身体障害者等の公共交通機関を利用した移動の円滑化の促進に関する法律」(平成12年法律第68号))を統合・拡充した「高齢者、障害者等の移動等の円滑化の促進に関する法律」(平成18年法律第91号)が施行された。また、同年には、住生活基本法に基づき、高齢者及び子育て世帯など住宅の確保に特に配慮を要する者の居住の安定の確保等を目標に掲げた住生活基本計画(全国計画)が閣議決定された。

ⅱ) 教育・文化の分野では、障害のある児童生徒や高齢者も含めた地域住民の利便性に配慮した学校施設や社会体育施設の整備を進めるとともに、平成19年には、複数の障害に対応した教育を行うことのできる特別支援学校の制度化等を行うための「学校教育法等の一部を改正する法律」が施行され、特別支援教育を推進している。

ⅲ) 雇用・就業の分野では、障害者の雇用を促進するため、ハローワークへの手話協力員の配置、企業における障害者に配慮した作業施設等の整備の促進、職場適応援助者の配置の促進、就労支援機器の貸出などが行われている。また、平成18年には、精神障害者に対する雇用対策の強化、在宅就業障害者に対する支援、障害者福祉施策との有機的な連携による就業支援等を行うための「障害者の雇用の促進等に関する法律の一部を改正する法律」が全面施行された。

ⅳ) その他、情報・製品分野における障害者や高齢者に配慮した情報通信機器・サービスの開発・普及等、広報・啓発分野での「バリアフリー化推進功労者表彰」等、妊婦・子ども・子ども連れの人にも配慮した子育てバリアフリーの推進等の取組みも進められている。

(2) バリアフリー法に基づく施策内容

上記のように、バリアフリー・ユニバーサルデザイン行政の施策分野は広範なものとなっているが、以下では、「高齢者、障害者等の移動等の円

滑化の促進に関する法律」（以下「バリアフリー法」という）を中心に、住宅・建築物、公共交通機関や歩行空間などのバリアフリー化のための取組みを見ていくこととしたい。

ⅰ）バリアフリー法の内容、位置付け

本法律は、高齢者、障害者等の円滑な移動及び建築物等の施設の円滑な利用の確保に関する施策を総合的に推進するため、

①主務大臣による基本方針の策定

②公共交通事業者、道路管理者、建築主等の施設設置管理者が講ずべき措置

③市町村が定める重点整備地区における旅客施設、建築物等及びこれらの間の経路の一体的な整備を推進するための措置

④移動等円滑化経路協定制度

等を定めるものである。

このうち、②に関しては、公共交通事業者、道路管理者等に対し、旅客施設の新設、車両の新規供用、道路の新設（一定の道路に限る）等に際してバリアフリー基準に適合させる義務付けが行われ、また既存のものについてはバリアフリー基準に適合させる努力義務が課されている。

③に関しては、市町村は、移動等の円滑化を図ることが必要な一定の地区を重点整備地区とし、移動等の円滑化に係る事業の重点的かつ一体的な推進に関する基本構想を作成することができることとされているが、基本構想を策定する市町村の取組みを促す観点から、事業実施主体者、高齢者・障害者等が、基本構想の作成・変更を市町村に対し提案できる提案制度が設けられている（制度の実効性を担保する観点から、提案を受けた市町村には、作成等の有無及び作成等しない場合にはその理由を通知する義務も課されている）。また、公共交通事業者が行うバリアフリー事業が、重点整備地区における移動等円滑化のために適当なものである旨の認定を受ける制度等も設けられている（地方公共団体が当該事業に助成を行う場合に地方債の対象となる特例も設けられている）。

④は、重点整備地区内の土地の所有者等が締結する移動等の円滑化のた

めの経路の整備又は管理に関する協定について市町村長の認可を受ける制度である（認定を受けた協定は、その後に協定区域内の土地所有者等となった者に対しても効力を有する第三者効がある）。

　その他、同法では、バリアフリー化の促進に関する国民の理解を深め、バリアフリー化の実施に関する国民の協力を求める、いわゆる「心のバリアフリー」の推進についても規定されている（国について教育活動、広報活動等を通じて心のバリアフリーを深めていくことを責務として定めるとともに、国民に対しても高齢者や障害者等が円滑に移動し施設を利用できるようにすることへの協力の責務などを規定している）。

　このようにバリアフリー法は、公共交通事業者、道路管理者等に対する規制法であるとともに、基本構想の提案制度、公共交通事業者が行うバリアフリー事業の認定制度、移動等円滑化経路協定制度、心のバリアフリーの推進は誘導手法ととらえることができ、加えて、道路管理者が行う道路事業の実施等は直接供給手法の一環であり、それぞれの手法をミックスした総合的な法律であるととらえることができる。

ⅱ）バリアフリー化の状況

　平成11年度の補助制度創設や平成12年の交通バリアフリー法の制定（下記2参照）、バリアフリー法等により、バリアフリー化は着実に進捗してきているところである（一方で、一部地方部においてバリアフリー化が十分に進捗していない箇所が見られる等の問題も指摘されている）。

第6章　バリアフリー行政

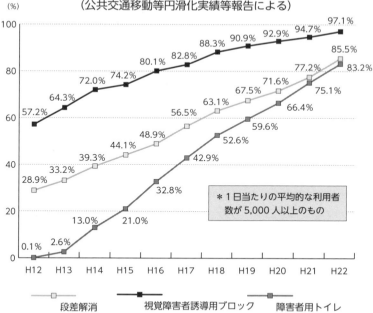

旅客施設（※）におけるバリアフリー化の推移
（公共交通移動等円滑化実績等報告による）

＊1日当たりの平均的な利用者数が5,000人以上のもの

凡例：段差解消／視覚障害者誘導用ブロック／障害者用トイレ

バリアフリー化の事例（エレベーター、障害者用トイレ、ホームドア）

（出典：いずれも国土交通省HP）

2　政策の形成過程

　バリアフリー政策の形成過程を、現在のバリアフリー法のベースの一部であった交通バリアフリー法（正式名称は「高齢者、身体障害者等の公共交通機関を利用した移動の円滑化の促進に関する法律」（平成12年法律第68号））を中心に、当時の担当課長（運輸省運輸政策局消費者行政課長（同課は現在は国土交通省総合政策局安心性政策課に引き継がれている））の記述（盛山正仁『バリアフリーからユニバーサル社会へ』（創英社2011））をベースに整理しつつ紹介することとしたい。なお、著者である盛山氏は、その後、国土交通省を退職しているが、政策立案の内実が記述されることは珍しく、貴重な記録となっている。

　また、行政活動の特徴、仕事の内容などを理解する上で参考となると思われる点を、筆者の注・補足コメントというかたちで、文中の※で記すこととしたい。

（1）補助制度の創設

　まず、法律制定の前に、平成10年度第3次補正予算で50億円の補助を創設しているが、この状況は以下のように記述されている。

・政策着手のきっかけ、経緯

　　平成11年度予算要求の作業過程で、担当局長から「バリアフリーをやれ」「前にもやりたかったんだが、当時の局長に反対されてつぶされた」との指示があったが、予算抑制措置であるシーリング制度によりバリアフリーの新規予算要求は断念していたところ、景気対策のために補正予算が組まれることとなり、予算要求を本格化した。

　※　新規政策着手のきっかけは、それぞれの行政組織が直面する行政課題に対応するためであるが、実際には、行政組織外部（政治家、業界、圧力団体等）からの強い要求や、それら外部との接触がより多い幹部等の指示による場合も多い。なお、補正予算にはシーリング制度はなく、新規予算要求も認められやすい。

・検討体制、省内調整

　バリアフリー施策の中心となる鉄道駅の段差解消のため、担当である鉄道局に相談したが、「鉄道局では引き受けられない。運輸政策局が要求するなら、全面的に協力する」との回答で、自分（運輸政策局）で要求することとした。

※　新規の業務はこれまでの知見等では対応が困難な面もあり、また業務量も多いため、新規の業務に新たに取り組むことは一般に抵抗感が強く、まして、他部局ではそれぞれルーティーン業務等を含め固有の業務があることから、関係の他部局に新規業務を引き受けてもらうことは難しい場合が普通であり、直接に課題に直面している部局が担当することになる場合が多いと思われる（ただし新規業務は（新法制定も含め）大きな成果となるため、特に幹部等の判断では取り組むニーズも高い面もある）。

・予算要求内容の検討

　予算要求を行うために、日本中に鉄道駅はいくつあり、無人駅までバリアフリー化できないとしてどこまでバリアフリー化すればよいか、ホーム数が多い駅や乗換駅はどのようにバリアフリー化すればよいか、エレベーター・エスカレーターは駅に1か所でいいか、工事費はどれくらいかかるのかなどを検討した。その結果、整備優先順位を決め（1日の乗降客数5,000人以上で高低差が5ｍ以上ある駅とし、全国で約2,000駅とした）、1駅当たりの事業費を決め（エレベーター・エスカレーターを1駅に2〜3か所設置するとして1億5,000万円とした）、全体事業費を決め（3,000億円）、（大蔵省主計局から期間限定での予算要求を求められたこともあり）整備目標期間を決めた上で（10年間とした）、1年間の事業費（300億円）、1年間の国費要求額（補助率を1／3として100億円）を決めた。

※　補助の予算要求のためには、補助の対象とする内容を決め、予算要求額を決める必要がある。その際に、費用・便益の観点等から、優先順位を決め、対象施設を限定することが通常であるが、そのためには、施策対象の全体像、整備の具体的内容、事業費のボリューム等の検討が必要である。また、整備促進のための補助制度は、予算制約や整備効果の早期発揮のため、期間を限定して設けられる場合が多い。

・関係機関（施策対象者、地方公共団体）との調整

　　補助対象となる鉄道事業者に補助制度要求について説明したが、バリアフリーは「福祉政策であって、鉄道事業者が責任をもつものではなく、国と地方がやることである」、「100億円も要求するなんて、法螺話につきあう暇はない」と調整がうまく進まなかった。

　　また、補助金の一部を負担してもらう想定の地方公共団体については、バリアフリーを担当する部局は福祉部局が多く、財政・企画部局に比べ力が弱く、市長・知事にバリアフリーの必要性・重要性が十分に伝えられない状況であった。

　　さらに、鉄道側と地方側のどちらが先にバリアフリー化を言い出すかで負担割合が変わる（鉄道側が先にバリアフリー化を提案すると、地方側は「鉄道側が希望するのであるから鉄道側の負担で行ってください」となる）という、にらみ合いの状況もあった。

　　そこで、国：地方：鉄道が1：1：1となる（三方一両得？の）負担割合を決めた。加えて、補正予算の景気対策による即効性を発揮させるため、地方負担分を全額国が地方交付税で措置する（地方の実質的な負担をゼロとする）ことで調整できた。

　　※　政策形成には、立案した政策案を関係者（本件ではバリアフリー事業を行う鉄道事業者、補助金の一部を負担してもらう想定の地方公共団体）と調整し、政策への理解・協力を得ることが必要となる。その際、関係者間で利害が衝突する場合も多く、関係者が総体として受容でき、政策目的を最大限達成できる政策案（いわゆる「落としどころ」）を見出していくことが必要となる。なお、関係者の調整を優先し、政策目的を大きく後退させる単なる妥協案に陥らないよう気を付けるべきである。

・政治との関係

　　予算要求に向け応援してもらうため、（バリアフリーでは業界等の圧力団体が存在しないため）自民党に交通バリアフリー化推進議員連盟を立ち上げてもらった。

　　※　予算要求や法律策定に向けて、関係省庁（本件では大蔵省（当時））との調整や国会審議等に関連して、このような「議連」を立ち上げてもらったり、逆に政党（超党派の場合もある）の側で「議連」を立ち上げて、政府側へ政策要求をしたり、自ら政策作成を進めることも多い。

・予算の執行

　平成10年12月中旬に50億円の予算の内示があり、平成11年1月末に予算執行のための補助要綱を決定・交付し、補助申請を受け付けた。年度末の平成11年3月には約90か所の駅の補助申請があり、50億円全額が執行されることとなった。

　※　補助金等の予算に限らず、法律制度などについても、補助金等の交付予定者や法律制度の活用者・実施主体（例えば、民間事業者の計画申請を都道府県が認定して規制の特例を認めるような制度では、当該民間事業者や都道府県）等の「現場のニーズ」を的確に把握していない単なる「頭で考えた」政策だと、せっかく形成した政策が十分活用されないこととなるため、ニーズをベースにした「地に足のついた政策」形成が重要である。

（2）法律の制定

補助に続き、法律制定過程は、下記のように記述されている。

・法案の検討

　局長から「法律を作ってからやめたいので考えろ」という指示があり、どのような内容にするか、省内各局や運輸業界は制約に反対しないかどうか、他省庁はどのような反応をするか、など検討し、バリアフリーの初めての法律である「ハートビル法」、諸外国の法制度などを調査した。その上で、鉄道だけでなく、自動車、航空、船も対象にすること、施設だけでなく車両も対象にすること、新設の際はバリアフリーの義務付けをすることなどの方針を決め、夏前に素案をまとめ、平成11年8月末に自民党の議連、交通部会の了承を得て、交通バリアフリー法案を次期通常国会に提出することを公表した。

　※　法律制度の検討においては、既存制度の調査やそれとの関係の整理、制度の対象、政策手法の選定等、政策立案の方法の手順等（第Ⅰ部第3章参照）による検討が必要となる。法案の手続等は86頁以降参照。

2 政策の形成過程

・法案作成の本格化

　9月以降、法案作成の専任チーム（当初8名、最終的には10名。いわゆるタコ部屋）をつくった。そこでは、法律の内容について、なぜそのような規定を設けなければならないか、それで十分か、将来に向かって状況の変化を想定してあるか、関係者が納得する内容か、実現可能か、費用負担に耐えられるかなど、様々な検討を行い、省内各局、関係業界等に意見照会を繰り返し行った上で、条文化し、大臣官房文書課の審査を経て、内閣法制局の審査を受けた。

※　「タコ部屋」等、法案策定の過程については86頁以降参照。法案の内容の検討については第Ⅰ部第3章参照。

・関係省庁との調整

　駅周辺の道路を含めたバリアフリー化のため、建設省道路局の参加協力を求めたが、他の施策での立場の相違もあって了解を得られないでいたところ、12月23日に運輸政策局政策課長が乗り出してくれて、建設省大臣官房政策課長と筆頭課長同士で話をまとめてくれ、当初希望通りの法案がまとまり、大晦日の夜まで内閣法制局での審査を受け、明くる1月3日に建設省との合意案をほぼまとめた。

※　制度、事業等を直接担当する原課同士では、それまでの両者間の歴史的経緯や現在の状況等も関係して、利害が対立し、スタックしてしまうこともあり、そのような場合に、公共的利益やそれを実現する行政の任務・責任等、より高い視野に立った上での調整も必要であり、本件のように、日頃からの連携があるような政策課長間のパイプを通じた調整（スタックしている側から見ると、他の「リソース」に「頼る」こと）も必要・有効となってくる。

・法案の閣議決定、国会審議

　平成12年2月15日に法案が閣議決定され、同日に国会に提出された。他方で、政府提出法案に反対した対抗法案が議員立法として提出され、与野党の国会運営の駆け引きの中で、交通バリアフリー法案は「つるし」もあったが、3月10日に衆議院本会議での趣旨説明、質疑のあと、運輸委員会に付託され、3月22日には運輸委員会で趣旨説明、29日から質疑が始まった。運輸委員会では現地調査、参考人質疑も行った上で、4月18日に締めくくり質疑の後、内閣提出法

第Ⅱ部　個別行政分野編

案に対する修正がなされた上で、採決が行われ、全会一致で可決され、附帯決議が付された。同日午後の本会議に緊急上程され、可決され、即日参議院に送付された。参議院でも、5月10日に本会議で全会一致で可決され、法律が成立した。

※「つるし」等、国会審議等については、89頁以降参照。

・法律の執行、運用

　法律成立を受け、法律の執行のため、関係政省令、法律に基づく基本方針を策定した。関係省令では、施設・車両のバリアフリー化のための構造・設備の具体的な基準を定め、基本方針では、今後10年間で主要な鉄道駅（1日の平均利用者数5,000人以上で駅）すべてをバリアフリー化（エレベーター・エスカレーター等による段差解消、視覚障害者誘導用ブロックの整備、身体障害者対応トイレの設置等）すること等を定めた。

※　法律成立で1つのヤマを越えるが、法律実施のための政省令等の関連規定等の作成、さらに実施体制の確立、制度の周知普及など、形成された政策（法律）が実際に動くようにしていく作業も、法律策定に劣らず重要なもの（いわば「魂を入れる」作業）である。

・関連施策の実施

　バリアフリー化の進捗を図るため、駅やターミナルのバリアフリーを客観的に評価する基準を定め、主要な施設を中心に評価を行い、公表したり、駅等に設置される案内用の図記号（ピクトグラム）について、子供、外国人等を含む利用者にとってわかりやすくするよう、統一、普及するための「標準案内用図記号」を作成する（その後、JIS化されている）などの関連した施策も実施した。

※　法律による政策（本件では規制等）とあわせて、誘導策等、政策目的を達成するための政策パッケージによる全般的・一体的取組みが重要である。

■トピックス

　紹介した盛山正仁著『バリアフリーからユニバーサル社会へ』に記されている内容から、2つを紹介したい。
　まず、交通バリアフリー法が成立した後、（福）日本身体障害者団体連合会の全国大会に運輸省の代表として盛山氏が出かけていった際の出来事として、次のような記述がされている（同書 42 頁）。

> 　天皇皇后両陛下ご臨席のもと松尾榮会長が主催者代表挨拶をされたが、その中で「我々にとって長年の懸案であったバリアフリーに関して、この5月に交通バリアフリー法が成立した。運輸省は本当によくやってくれた。本来は厚生省が我々障害者のことを考えるべき役所である。厚生省は運輸省を見習って、もっとしっかりと取り組んでほしい」と述べられた。
> 　望外の言葉であった。この2年間の苦労がすっ飛んで行った。バリアフリーを担当したことを誇りに感じた。

　次に、「『ありがとう』と言わずに済む社会」として、平成10年には東京駅にさえエレベーター、エスカレータがなく、車いすの方は貨物用エレベータで移動していたこと、まして普通の駅ではエレベーターもなく、駅員にあらかじめ連絡をして、車いすを担いでもらって移動せざる得なかったこと等を記した上で、次のような記述がされている（同書 183 頁）。

> 　「車いすを落とされたこともあったし、『なぜこの時間、この駅から、この電車に乗るんだ』というように鉄道事業者、乗客とは喧嘩ばかりだった。何をしてもらっても『ありがとう。ありがとう。』と言わなければならない気持ちがあなたにわかりますか？」と（社）全国脊髄損傷者連合会理事長の妻屋明さんがおっしゃった言葉がずっしりと胸に突き刺さりました。他人に「ありがとう」と言うことなく、自分の力だけで自由に行動したいという気持ちは、人として当然の思いです。障害をお持ちの方は、他人の手を煩わせることなく自分の意志で自由に行動できる社会が実現することを望んでおられるのです、私たちが普通に「ありがとう」と言っているのと、「ありがとう」と言わなければならない人とでは「ありがとう」の意味合いが違うのです。

　社会における切実で様々なニーズ、それに応える行政の取組みの重要性が、まさに胸に迫るとともに、行政の仕事のやりがいが感じられる内容である。

第7章
地域の自主条例による政策
―路上喫煙対策―

　最後に、地域の自主条例による政策として、路上喫煙対策を取り上げ、先進自治体である千代田区の取組みについて見ていくこととしたい。

> ＜備考＞
>
> 　筆者の担当講義である「公共政策企画論」において、学生に期末試験問題として、下記の内容を問うたところ、路上喫煙、歩きタバコ、吸殻ポイ捨てというテーマで回答した者が多くおり（類似のものとしてゴミポイ捨て等も多かった）、キャンパスが千代田区内ということも影響している可能性もあるが、公共政策あるいは行政の内容として、学生等が身近にイメージできる内容と思われることも、本章でこのテーマを取り上げた理由である。
>
>> 〔問題〕　あなたがある市の課長であるとして、公共的問題として考えるテーマを1つ選び、ア）公共政策立案の方法のポイントに留意しつつ、イ）公共政策の三手法ごとに考えられる政策案のオプションを検討し、ウ）その問題を解決するために適切と思われる政策案を、その政策案を妥当とする理由（あるいは他の政策オプションが妥当でない理由）も付して、記述せよ。
>> 　〔ただし、（授業で取り上げた）「放置自転車対策」、「高齢者入居お断り住宅への対策」、「自動販売機の規制」、「ごみ減量・リサイクルの推進」、「カラス対策」、「いのしし対策」、「東日本大震災の原発被災地域の復興・再生」、「被災者生活再建支援制度」、「バリアフリー」、「放射線対策」、「環境モデル都市」、「災害に強いまちづくり」、「国際観光都市づくり」、「屋外広告物行政」についてテーマとすることは不可〕

千代田区における路上喫煙対策は、平成14年に制定された「安全で快適な千代田区の生活環境の整備に関する条例」（通称「千代田区生活環境条例」）に基づき生活環境整備の1つの施策として講じられているものであり、以下、同条例の制定の経緯、規制内容、規制とあわせた取組み、実施体制、効果などについて見ていくこととしたい。なお、同対策の区における担当部署は、環境安全部安全生活課（安全生活係路上喫煙対策班）である。

　千代田区における路上喫煙対策は、下記で見るように、規制手法（路上喫煙・ポイ捨ての禁止、違反への過料・罰金など）に加え、区と地域が一体となった周知啓発活動、民間事業者による屋内喫煙所設置への助成など誘導手法もあわせた取組みとなっている。

　（本章の内容は、主に千代田区ＨＰをベースにし、加えて、千代田区生活環境課『路上喫煙にＮo! －ルールはマナーを呼ぶか－』（ぎょうせい 2003）、千代田区安全生活課へのヒアリング結果によっている。）

1　千代田区生活環境条例の制定の経緯

（1）条例制定以前

- 千代田区は、夜間人口（いわゆる住民）が約4万人だが、昼間人口は買い物客などの出入りを含めると90万人とも100万人ともいわれ、多くの人々が区内に集中し、「ポイ捨て」「歩きタバコ」や「置き看板」などのまちの環境を悪化させているものへの苦情や改善を求める強い要望が、以前から数多く寄せられていた。

- 区では平成11年4月に、いわゆる「ポイ捨て禁止条例」（正式名称は「千代田区吸い殻、空き缶等の散乱防止に関する条例」）をスタートさせ、ゴミのポイ捨てや公共の場での喫煙を努力義務として禁止した。また、例えば、街角に数多くの灰皿を設置したり、駅前などでの携帯灰皿の配布（10万個以上）、徹底した清掃や各種PR活動など、区と住民が一丸となり、懸命に取り組んできた。

（2）条例の検討、制定

- しかし、ほとんど目立った効果はなく、他方、「歩きタバコ」は、他人の迷惑である以上に、衣服の焼け焦げ、火傷などの危険性（特に小さな子どもや車椅子の方にとっては大変危険）があり、喫煙者側がそのことを認識していないことも少なくなく、マナー・モラル・道徳心に期待することは限界であると判断し、「やむを得ず」一定のルール（罰則付きの条例）を設けることとした。
- そこで、平成13年6月に区役所内に検討組織（主に課長級）を設置して内容を固める一方、所轄警察や東京検察庁との協議を重ね、平成14年2月に条例の骨子案を発表した。区のホームページにも骨子案を掲載し、非常に多くの方から意見が寄せられ、また各地域団体、商店会などと意見交換を行い、様々な角度から検討を加えた上で、平成14年6月24日、第2回区議会定例会で条例が可決、成立した（施行は同年10月1日、過料の適用は同年11月1日より開始）。

2　条例の内容

以下、条例の概要を見ていくこととしたいが、（第1章と同様）条例の内容に慣れるためにも、条文を掲載する（一部は省略している）。

（1）条例の全体像

まず、同条例の名称が「安全で快適な千代田区の生活環境の整備に関する条例」であり、同法第1条でも「安全で快適な都市千代田区の実現を図る」ことを目的としており、条例で掲げられている内容を見ても、第2章の「安全なまちづくり」として防犯、防災、違法広告物・放置自転車対策等や、第3章の「快適なまちづくり」でも、タバコだけでないゴミ対策に加え、ペットのフン対策等、様々なものがあり（何でも入っているということから「ドラえもん条例」というニックネームもある）、安全で快適な

生活環境の整備の1つとして、路上喫煙対策が取り組まれていることがわかる。

(2) 路上喫煙への規制

その上で、路上喫煙対策に関連するものを見ると、次のような内容が掲げられている。

i) 規定内容

- 公共の場での吸い殻のポイ捨て禁止（第9条第1項）、違反者に区長による改善命令、氏名等公表（第15条）
- 公共の場での歩きタバコをしない努力義務（第9条第2項）
- 路上禁煙地区における喫煙及びポイ捨ての禁止（第21条）、違反者に対する過料（第24条第1項）
- 環境美化・浄化推進モデル地区におけるポイ捨て禁止違反者に対する過料（第24条第1項。なお違反者に係る両罰（過料）規定あり（第24条第2項））、違反者が区長の改善命令に従わない場合に罰金（第25条）（区長による告発（第26条））

安全で快適な千代田区の生活環境の整備に関する条例
（平成14年6月25日千代田区条例第53号）

第1章　総則

（目的）
第1条　この条例は、区民等がより一層安全で快適に暮らせるまちづくりに関し必要な事項を定め区民等の主体的かつ具体的な行動を支援するとともに、生活環境を整備することにより、安全で快適な都市千代田区の実現を図ることを目的とする。

（定義）
第2条　この条例において、次の各号に掲げる用語の意義は、それぞれ当該各号に定めるところによる。
　(1)　区民等　区民及び区内に勤務若しくは在学又は滞在し、又は区内を通過

する者をいう。
(2) 事業者　区内で事業活動を行う法人その他の団体及び個人をいう。
(3) 公共的団体　町会、商店会、防犯協会、交通安全協会その他の団体をいう。
(4) 関係行政機関　区の区域を管轄する警察署、消防署、国道及び都道の管理事務所その他の関係行政機関をいう。
(5) 環境の美化及び浄化　まちをきれいにすること及びまちの風俗環境を浄化することをいう。
(6) 吸い殻、空き缶等　たばこの吸い殻、チューインガムのかみかす、紙くずその他これらに類する物及び飲料、食料等の缶、びん、その他の容器をいう。
(7) 公共の場所　区内の道路、公園、広場その他の公共の場所をいう。
(8) 違法駐車等　道路交通法（昭和35年法律第105号）の規定に違反して自動車及び原動機付自転車を駐車する行為又は自動車の保管場所の確保等に関する法律（昭和37年法律第145号）に規定する保管場所としての道路の使用禁止に違反する行為をいう。

（区の責務）

第3条　区は、安全で快適なまちを実現するため、具体的な諸施策を総合的に推進しなければならない。

2　区は、生活環境改善について区民等の啓発に努めるとともに、区民等による生活環境の整備の自主的な活動に対し、積極的な支援を行わなければならない。

3　区は、第1項に規定する施策の計画及び実施に当たっては、関係行政機関と協力し、密接な連携を図らなければならない。

（区民等の責務）

第4条　区民等は、自宅周辺を清浄にする等、安全で快適なまちの実現に資するため必要な措置を講じるよう努めなければならない。

2　区民等は、相互扶助の精神に基づき、地域社会における連帯意識を高めるとともに、相互に協力して、安全で快適なまちづくりの自主的な活動を推進するよう努めなければならない。

3　区民等は、この条例の目的を達成するため、区及び関係行政機関が実施する施策に協力しなければならない。

（事業者等の責務）

第5条　事業者及び公共的団体（以下「事業者等」という。）は、事業活動等に当たっては、その社会的責任を自覚し、周辺住民等のため自己の施設及びその周辺を清浄にする等、安全で快適なまちの実現に資するため必要な措置を講じるよう努めなければならない。

2　事業者等は、前項の責務について、従業員等その事業活動等に従事する者に周知しなければならない。

3　事業者等は、この条例の目的を達成するため、区及び関係行政機関が実施する施策に協力しなければならない。

（関係行政機関の責務）

第6条　関係行政機関は、区の安全で快適なまちづくりの諸施策に協力するものとする。

<第2章　安全なまちづくり>
<第7条(安全環境の整備)、第8条(交通の危険のないまちづくり)〔略〕>

第3章　快適なまちづくり
（公共の場所の清浄保持）
第9条　何人も、公共の場所においてみだりに吸い殻、空き缶等その他の廃棄物を捨て、落書きをし、又は置き看板、のぼり旗、貼り札等若しくは商品その他の物品（以下「置き看板等」という。）を放置（設置する権限のない場所に設置する場合は放置とみなす。以下同じ。）してはならない。
2　区民等は、公共の場所において歩行中（自転車乗車中を含む。）に喫煙をしないように努めなければならない。
3　犬猫その他愛玩動物の飼い主又は管理者は、当該動物を適切に管理しなければならず、公共の場所で、ふんを放置する等他人の迷惑となる行為をしてはならない。
<第10条（土地建物等の占有者等の責務）、第11条（公共の場所の管理者の責務）、第12条（事業者のごみの散乱防止等に関する責務）、第13条（チラシの散乱等の防止）、第14条（健全な環境の確保）〔略〕>
（改善命令及び公表）
第15条　区長は、前6条のいずれかの規定に違反することにより、生活環境を著しく害していると認められる者に対し、期限を定めて必要な改善措置を命じることができる。
2　区長は、前項の命令を受けてこれに従わない者については、千代田区規則（以下「規則」という。）で定めるところによりその事実を公表することができる。

第4章　生活環境整備の体制及び活動
（ボランティアの参加及び協力）
第16条　区は、環境の美化及び浄化活動に関し、ボランティアとして、広く区民等の自主的な参加及び協力を求めるものとする。
（生活環境の状況の把握）
第17条　区は、区内各地域の生活環境の状況を、常に適切に把握しなければならない。
2　区は、前項の規定により問題点を把握したときは、速やかに改善するものとする。
（千代田区一斉清掃の日）
第18条　区民等及び事業者等の環境美化意識の向上を図り、日常的な実践活動を行うため、毎年、規則で定める日を「一斉清掃の日」とする。
2　区、区民等及び事業者等は一体となって、一斉清掃の日を中心に、清掃活動及び環境美化に関する啓発活動を行うものとする。
<第19条（違法駐車等防止重点地区）〔略〕>
（環境美化・浄化推進モデル地区）
第20条　区長は、来街者が多い地域で、吸い殻、空き缶等の散乱が著しく、又は

置き看板等が放置され、かつ、青少年の健全育成が阻害されるおそれがあり、特に環境の美化及び浄化の改善を図る必要があると認められる地区を、環境美化・浄化推進モデル地区（以下「推進モデル地区」という。）として指定することができる。
2　区長は、必要があると認めるときは、前項の推進モデル地区を変更することができる。また、推進モデル地区の指定を存続する必要がないと認めるときは、当該推進モデル地区を解除することができる。
3　区長は、推進モデル地区において、環境の美化及び浄化の推進に関し、意識の啓発、区民等の自主的な活動への支援等を重点的に実施するものとする。
4　区長は、推進モデル地区を指定し、変更し、又は解除しようとするときは、当該地区の区民等の意見を聴くとともに、所轄警察署と協議するものとする。
5　区長は、推進モデル地区を指定し、変更し又は解除するときは、規則で定める事項を告示するものとする。
（路上禁煙地区）
第21条　区長は、特に必要があると認める地区を、路上禁煙地区として指定することができる。
2　前項の指定は、終日又は時間帯を限って行うことができる。
3　路上禁煙地区においては、道路上及び区長が特に必要があると認める公共の場所（以下「道路等」という。）で喫煙する行為及び道路等（沿道植栽を含む。）に吸い殻を捨てる行為を禁止する。
4　区長は、路上禁煙地区を指定し、変更し、又は解除しようとするときは、当該地区の区民等の意見を聴くとともに、所轄警察署と協議するものとする。
5　区長は、路上禁煙地区を指定し、変更し、又は解除するときは、規則で定める事項を告示するとともに、その地区であることを示す標識を設置する等周知に努めるものとする。
（環境美化・浄化推進団体及び千代田区生活環境改善連絡協議会）
第22条　区民及び事業者等は、前3条に定める指定地区の環境美化に自主的に取り組むため、各地区ごとの環境美化・浄化推進団体の組織づくりに努めなければならない。
2　区長は、前項の組織づくりを支援するものとする。
3　区長は、環境美化・浄化推進団体、区民等、事業者等及び関係行政機関が千代田区の安全で快適なまちづくりについて総合的に調整・協議するため、千代田区生活環境改善連絡協議会（以下「協議会」という。）を設置する。
4　協議会の組織及び運営について必要な事項は、規則で定める。
（環境美化・浄化協定）
第23条　事業者等は、その活動する地区において環境美化及び浄化に関する協定（以下「協定」という。）を締結するよう努めなければならない。
2　協定を締結したときは、当該事業者等は、区長に届け出てその認証を受けるものとする。
3　区長は、前項により届出のあった協定が、内容等に関し適切なものであると認めるときは、これを認証し、告示するものとする。
4　区は、協定の締結及び認証した協定の実現について支援するものとする。

第5章　罰則

（過料）
第24条　次の各号のいずれかに該当する者は、2万円以下の過料に処する。
　(1)　推進モデル地区内において第9条第1項の規定に違反し、生活環境を著しく害していると認められる者
　(2)　第21条第3項の規定に違反して路上禁煙地区内で喫煙し、又は吸い殻を捨てた者（前号に該当する場合を除く。）
2　法人の代表者又は法人若しくは人の代理人、使用人その他の従業者が、その法人又は人の業務に関し、前項第1号に該当したときは、行為者を罰するほか、その法人又は人に対して同項の過料を科する。

（罰金）
第25条　推進モデル地区内において第9条第1項の規定に違反し、第15条の改善命令を受けてこれに従わなかった者は、5万円以下の罰金に処する。

（告発）
第26条　前条に該当する者があるときは、区長は、これを告発するものとする。

第6章　補則

（顕彰）
第27条　区は、環境の美化又は浄化への貢献に対し、顕彰を行うことができる。
2　前項の顕彰の方法については、別に定める。

（委任）
第28条　この条例の施行について必要な事項は、規則で定める。

ⅱ）規制の実効性確保措置

　上記のうち、路上喫煙について過料や罰則を規定した点が、全国初とされ、注目されたところであり、その後、その他の地方公共団体でも制裁措置を置いた条例を導入するきっかけとなったとされている（当時、吸い殻を含むゴミ等のポイ捨てに罰則を科している地方公共団体は他にもあったが、路上喫煙について過料や罰則を規定したのは千代田区が初めてであった）。

　なお、千代田区のHPによると、「罰金（刑事罰）」では実効性の確保が困難と考え、行政罰である「過料」を導入し、また、「環境美化・浄化推進モデル地区」内で、改善命令を受けても従わないなど悪質な場合には、区長が氏名公表または告発し、罰金に処することとした旨、罰則は、あくまで人々のマナー・モラルの向上を呼び起こす「手段」であり、それにより、

安全で快適なまちを築いていくことが本来の「目的」である旨が記されている。また、条例上「2万円以下」とされている過料の額は、当面2,000円とされている。

ⅲ) 規制の内容整理

現状では、路上禁煙区域は（皇居を除く）区内全域が指定されている（当初は皇居を除く区の約30%であった）。また、環境美化・浄化推進モデル地区は、来客者の多い、主に区内の山手線や総武線沿線の地域が指定されている。

そこで、現在の規制内容を、行為の内容により整理すると、以下のようになると思われる。

- ポイ捨て
  区内全域で禁止。違反者には改善命令、氏名等公表、過料。
  特に、環境美化・浄化推進モデル地区では改善命令、罰金。
- 路上喫煙（歩きタバコも含む）
  区内全域で禁止。違反者には過料、氏名等公表。

（なお、路上以外の公共の場で歩きタバコをしない努力義務もある。）

このように路上喫煙対策に関しても、喫煙とポイ捨てとで規制内容を異にしている。これは、（喫煙した上での）ポイ捨てが、吸い殻ゴミ等によって、より悪影響が大きく、特に住民等の生活環境に悪影響を及ぼすため、「環境美化・浄化推進モデル地区」の制度を設け、区域を絞って、より強い規制をしているものと思われる。

（3）規制とあわせた取組み

同条例では、第1条で「区民等の主体的かつ具体的な行動を支援する」ことを掲げ、区の責務（第3条）の規定でも、区自身の施策の推進に加え、区民等の啓発や、区民等による自主的な活動への支援を掲げ、さらに区民等の責務（第4条）、事業者等の責務（第5条）等を規定した上で、第4章で「生活環境整備の体制及び活動」と1章を設けて、ボランティアの参

加及び協力 (第16条)、千代田区一斉清掃の日 (第18条)、環境美化・浄化推進団体及び千代田区生活環境改善連絡協議会 (第22条)、環境美化・浄化協定 (第23条)、顕彰 (第27条) 等の規定を設けて、住民等と一体となった地域全体での取組みを推進しているところも注目される。

路上禁煙地区

路上喫煙禁止の周知看板等（水道橋駅付近）（筆者撮影）

3　条例に基づく取組み等

（1）庁内体制や取組み

　条例に基づく取組みを推進するために、専任の組織が設置されている。
　すなわち、条例制定後、平成14年9月に6名の担当チームが設置され、平成15年度からは生活環境課が新設（条例担当職員は27名、16年度は33名）された。平成19年度から、同課が安全生活課（45名体制（非常勤16名、再任用・再雇用職員5名含む））となっている（平成26年度現在は51名体制（非常勤20名、再任用職員7名含む））。
　路上喫煙対策に関しては、路上喫煙対策班（タバコ班）が担当し、路上喫煙のパトロール（過料の適用、注意・指導）を行っている。また、「生活環境条例」の施行10年をきっかけに、10月を重点周知月間として定め、周知キャンペーンを行っている。
　さらに、路上喫煙の規制とあわせ、喫煙者と非喫煙者が共生できるよう、平成21年度に民間事業者が設置する屋内喫煙所への助成制度を創設し、喫煙場所の確保にも取り組んでいる。
　なお、区による路上への灰皿の設置は、歩きタバコ・ポイ捨てをかえって助長するという判断から、行っていないとのことである（携帯灰皿の配布は、当初行っていたが、路上喫煙を助長するおそれがあり中止したが、近年、携帯灰皿を所持している喫煙者が多いこともあり周知用として配布しているとのことである）〔区へのヒアリングによる〕。
　区では、路上喫煙が減少する一方、（健康増進法の施行や受動喫煙に対する意識の高まりなどから）事業所内での喫煙の制限も進んだため、罰則が適用されない私有地・公開空地・区立公園、また、罰則の対象ではあっても見えにくい裏通りに喫煙者が集中する状況がみられるため、公園の分煙化・禁煙化に取り組んでいくこととしている。

（2）地域と一体となった取組み

　区民や町会、商店会、地元企業、教育関係者等が中心となり、区内10

地区で「環境美化・浄化推進団体」が設立され、区や警察署、道路管理者などの関係機関と合同で、月2回程度の自主的なパトロールを継続的に行い、路上喫煙や路上障害物などへの警告、清掃活動、周知啓発などに取り組んでいる。

（平成26年の3月末までに、延べ1,407回、合計50,454人の参加により、路上喫煙の注意指導、置き看板・放置自転車への警告など約85,306件行っている。）

（3）対策の実施状況、効果等

過料については、平成25年度までの累計で、8万件超が課されている（なお、罰金の適用実績はないとのことである〔区へのヒアリングによる〕）。

対策一体となった取組みにより、吸い殻の本数は、条例施行後に激減し、現在までほぼ横ばいの状況が続いている。

路上喫煙過料処分件数表（年度別）

H14	H15	H16	H17	H18	H19	H20
2,583	5,388	6,002	9,069	10,799	8,948	7,146
H21	H22	H23	H24	H25	累計	
6,209	5,684	5,874	6,240	7,008	80,950	

※平成14年度は11月から3月までの累計
※地区別（全11地区）に見ると、累計数80,950件中、秋葉原地区21,394件、神田地区15,637件、靖国通り地区10,965件、水道橋・神保町地区10,739件が多い。
※平成14年度2,583件中、過料をその場で納めた者は1,799件と約70％。

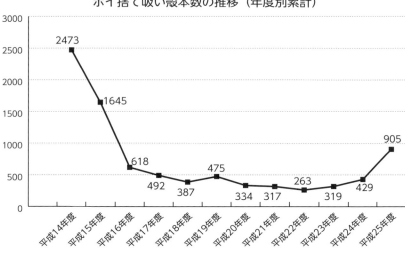

ポイ捨て吸い殻本数の推移（年度別累計）

※平成14年度は、9月28日～3月25日
※条例施行前後の状況（秋葉原駅西口の植え込みの4つの桝に投げ捨てられた吸い殻の数、午前9時30分時点で計測）
　平成14年　9月29日　995本
　　　　　10月　9日　208本〔10月1日条例施行〕
　　　　　10月22日　　58本
　　　　　12月10日　　12本〔11月1日過料適用開始〕

（4）その他

　なお、千代田区HPでは、課題として下記のようなものが記されている。

・未納者対策（公平性の確保が重要）（収納率は約81パーセント）

　過料未納者には督促状等を送付し、なお納めない場合には、自宅や勤務先に直接訪問や電話連絡するなど、厳しく支払いを求めていく。

・さらなる普及啓発～マナーから、ルールへ。そしてマナーへ

　これまでの取組みにより、条例は一定の成果を上げてきたが、まだまだ本来の目的である「マナー・モラルの向上」が充分に図られているとはいえない状況にあり、（「マナーからルールへ。」とマナーの問題にあえて罰則というルールを設けたが）これを罰則などいらない「マナーへ」の回帰を目指して、息長く取り組んでいく。

＜備考＞

　路上喫煙禁止について、他の地方公共団体であるが、裁判となった事例を以下紹介する。

　本事案は、「横浜市空き缶等及び吸い殻等の散乱の防止等に関する条例」に関するもので、同条例により喫煙禁止地区内で喫煙をし、横浜市長より2,000円の過料処分を受けた者（東京都立川市在住）が、喫煙禁止地区内であることを容易に認識できるような標識等がなかったにもかかわらず行った過料処分は違法として処分取消し等を求めた事案である。

　一審（横浜地判平成26年1月22日判時2223号20頁）は、過料処分をするためには、相手方に過失があったことが必要とした上、本件違反場所が喫煙禁止地区内であることを知らなかったことに過失があるとはいえない（本件違反場所付近にあった2か所の路面表示はいずれも直径約30センチメートルと小さく歩行者が容易にその文字を読み取ることができないこと、喫煙禁止地区に進入するまでに原告が通行した道路には注意を促すような掲示物は一切設置されておらず、違反場所は原告が喫煙禁止地区に足を踏み入れ、せいぜい10メートルほど進行したところであったこと等を理由としている）として、本件処分は違法であるとした。

　そこで、横浜市が控訴したところ、二審（東京高判平成26年6月26日判時2233号103頁）は、受動喫煙防止のための路上喫煙規制の条例制定などの取組みは、地方公共団体において次第に拡大している等の状況に照らすと、あえて路上で喫煙する場合には、その場所が喫煙禁止か否かについて、路面表示も含めて十分に注意して確認する義務があるというべきで、本件において、路上で歩行喫煙をしていた被控訴人が、路面表示をも十分に注意して路上喫煙禁止か否かを確認すべきであり、その注意を怠らなければ、路上喫煙禁止であることを認識することが十分に可能であったと認められるから、被控訴人には過失があったとして、本件処分は違法ではないとした。

■トピックス

『路上喫煙にＮo!－ルールはマナーを呼ぶか－』から、特に路上喫煙への過料等罰則について、いくつかの興味深い内容を紹介することとしたい。

・過料等罰則導入の経緯

　平成13年6月に、石川区長（同年2月に区長に就任）より（法制等も担当する）総務課長に罰則を伴う条例の検討の指示があり、庁内で検討進めたが、罰金は断念せざる得ないのではないかと追い詰められた状況の中、区長より過料という案が出された。

・過料の額について

　条例で2万円以下とされている過料の額をいくらにするか、全国的にも先行事例がなかった中で、1万円を超えるような高額になると持ち合わせがない人もいたりして現場の取り締まりでトラブルが懸念され、逆に1,000円くらいだと千代田区のサラリーマンの昼食代の相場くらいで昼食一食抜きで済んでしまう、それなら明日も昼食抜きということになるとプレッシャーになるのではないかということで、昼食2日分くらいの2,000円という額にした。

・過料の運用方針について

　過料は悪質な場合に限り科すという考えであった担当部署に対し、区長が、それでは条例をきちっと守ってくれている人と違反した人の間で不公平がでるとして、一律に科すという方針が決まった。この背景には、「条例を知らなかった」と言ってしまえば過料を科せず、「正直者がバカを見る」運用になってはいけないこと（実際に「知らなかったと言えば払わなくていいのか」と質問してくる違反者もいることも紹介されている）、また、「悪質な場合」ということとすると、職員によって運用がかわってしまい不公平になってしまう、という判断があった。地方から区に来て本当に条例を知らなかった人にまで過料を科すのはどうかという点については、「知らないとは言わせない」ための周知キャンペーン等を大々的に行った。

　（なお、担当部局がすでに外部に「悪質な場合に限る」と説明していた点については、運用状況を見て検討した結果、方針を見直したと説明する、という点も記されている。）

また、過料は「原則は納付書で」という担当部局の方針について、現金の支払いもあるという区長の考えもあり、原則は納付書で、例外的に現金という方針に決定した。ただ実際に運用してみると、現金で支払っていく人が多かった（2,000円なら現場で後腐れなく済ませたい、納付書が送られ家族等に知られると困る等の事情もあったと思われるとのこと）。

・過料適用の現場について
　条例がよく周知されていて、過料処分しても、多くの場合は問題なく応じてもらえるが、次のようなケースも紹介されている。北海道から来て有楽町駅を降りたばかりで喫煙していた人が「条例も知らないし、看板もない」と漏らしていても「一律処分」なので条例の趣旨等を説明して過料処分をする場合は複雑な思いがすることや、子を連れた親が歩きタバコをしている際は子供の心情も考えて子供に見えない端に寄ってもらって子供に聞こえないように過料処分の手続をするように配慮していること（それでも大きな声で怒鳴って配慮が台無しになり悔しい思いをすることもあること）など。

● 参考

　千代田区生活環境条例に関しては、北村喜宣『行政法の実効性確保』（有斐閣　2008）等で分析・評価がされているので、参考にされたい。

事項索引

※複数の頁がある場合はメインの記述の頁を太字で、また、第Ⅱ部の頁は斜体で表記している。

ア行

アジェンダ設定 　　　　　　　　28
インクリメンタリズム 　　　　　29
お経読み 　　　　　　　　　　　89

カ行

●か
確認 　　　　　　　　　　　　　47
加算税 　　　　　　　　　　　　49
下命 　　　　　　　　　　　　　47
過料 　　　　49、78、231、235、237、**238**
科料 　　　　　　　　　　　49、78

●き
規制 34、**46**、112、121、136、171、176、188、208、215、227、232
　—改革 　　　　　　　　　　　50
　—行政 　　　　　　　　　　　21
　—の数 　　　　　　　　　　　50
　—の三面関係 　　　　　　**22**、59
　—の実効性確保措置 　48、122、231
規則 　　　　　　　　　16、79、127
給付行政 　　　　　　　　　　　21
行政 　　　　　　　　　　　　　11
　—活動 　　　　　　　　　　　10
　—活動の原理・原則 　　　　　56
　—機関 　　　　　　　　　　　64
　—救済法 　　　　　　　　　　16
　—裁量 　　　　　　　　　　　35
　—作用法 　　　　　　　　　　16
　—指導 　　　　　　　　　53、60
　—主体 　　　　　　　　　　　64
　—組織法 　　　　　　　　　　16
　—代執行 　　　　　　　　49、122
　—庁 　　　　　　　　　　　　64
　—通則法 　　　　　　　　16、**60**
　—手続 　　　　　　　　　　　60
　—上の義務履行確保 　　　　　49
　—の行為形式 　　　　　12、45、**55**
　—罰 　　　　　　　　　　　　49
許可 　　　　47、50、60、121、207、208
禁止 　　　　　　　　　　　47、121

●け
計画手法 　　　　　　　　　　　53
経済的インセンティブ　**52**、163、165、176
経済的規制 　　　　　　　　**46**、50
経済的ディスインセンティブ 　　52
経済的不利益賦課措置 　　　　　49
啓発手法 　　　　　　　　　　　52
契約的手法 　　　　　　　　　　53
権利濫用禁止の原則 　　　　　　58

●こ
効果裁量 　　　　　　　　　　　36
公共政策 　　　　　　　　　　　10
公共的問題 　　　　　　　　　　10
公表 　　　　　　　　　　　　　49
公務員 　　　　　　　　　　　　72
効率性原則 　　　　　　　　　　59
個人情報保護 　　　　　　　　　63
国会対策委員会(国対) 　　　89、90
ゴミ箱モデル 　　　　　　　　　30
コミュニケーション手法 　　　　53

サ行

●し
自主条例 　　　　　　　　　79、**81**
市場の失敗 　　　　　　　　　　17
自治事務 　　　　　　　　　　　69
執行罰 　　　　　　　　　　　　49
指定管理者 　　　　　　　　　　51
社会的規制 　　　　　　　　**46**、50
承認 　　　　　　　　　　　　　47
情報公開 　　　　　　　　　　　62
情報提供手法 　　　　　　**52**、169
条例 　　　　　　　　　　　　　78
　—制定権 　　　　　　　　　　80
信義誠実の原則(信頼保護の原則) **38**、58

●せ

政策課題の発見・設定	28、91、101
政策形成	26、217
政策実施	32
政策手法	45
政策的制約	46
政策の窓モデル	30
政策評価	39
政策立案	28、96、102
制度論モデル	29
政府の失敗	20
施策	27
設権行為	47
説明責任の原則	58

●そ

増分主義	29
即時強制	48

タ行

タコ部屋	88、96、221
秩序罰	49
地方分権	71
直接供給	35、50、156、157、176、188、206、215
吊し、つるし	90、221
適正手続(デュー・プロセス)の原則	58
登録	47
特別の犠牲	46
特許	47、207
届出	48、50、60

ナ行

内閣	66
内在的制約	46
認可	48、60
認証	47
ノー・アクション・レター	148

ハ行

パブリック・インボルブメント	54
パブリック・コメント	54、60
反則金	49
判断過程審査	38
PFI	51
非決定権力	31
平等原則	38、59
比例原則	38、59
不作為	37
法定受託事務	69
法律による行政の原理	56
法律の留保	46、56
法令の運用・解釈	34、124、146
補完性原則	59

マ行

命令	60
メリット・システム	73
免許	47、60、141
目的拘束の原則	58

ヤ行

誘導	35、51、156、163、165、169、176、215、225
要件裁量	36
予算の形成過程	31
与党プロセス	89
より制限的でない代替手段の法理	59

ラ行

ラスウエル	12
立法過程	86

＜著者紹介＞

太田　秀也（おおた　ひでや）

日本大学経済学部　教授

1963年和歌山県生まれ、1987年東京大学法学部卒業、同年建設省（当時）入省。
都市局、住宅局、河川局、国土交通省総合政策局などで勤務するほか、経済企画庁、運輸省、人事院、内閣府、復興庁、北九州市、水資源機構、不動産適正取引推進機構に出向。2013年4月より現職。

＜主な著作＞
『賃貸住宅管理の法的課題』（大成出版社、2011）
『不動産賃貸借の課題と展望』（共著、商事法務、2012）
『賃貸住宅管理の法的課題2』（大成出版社、2014）

行　政　活　動　論
－公務員の仕事－

2015年5月25日　第1版第1刷発行

［著］　太　田　秀　也

発行者　松　林　久　行
発行所　株式会社　大成出版社

〒156―0042
東京都世田谷区羽根木1―7―11　TEL 03（3321）4131代
http://www.taisei-shuppan.co.jp/

©2015　太田秀也　　　　　　　　　印刷　信教印刷
落丁・乱丁はおとりかえいたします。
ISBN978―4―8028―3203―8

賃貸住宅管理の法的課題
―原状回復・修繕・契約成立・更新料―

太田秀也・著

Ａ５判・464頁　定価　本体4,400円（税別）
送料実費　図書コード3022

● 2011年3月・7月の敷引特約と同年7月15日の更新料の最高裁判決までを網羅した最新版！

［本書の内容］
1　原状回復など、賃貸住宅の管理現場で生じている様々な問題について、判例や学説を踏まえ、具体的な対応策を提示！
2　問題解決の直接の手掛かりとなるよう、多数の裁判判例（200事例超）を掲載！
　① 賃貸住宅原状回復裁判例（88事例）
　② 修繕義務裁判例（100事例）他

貸住宅管理の法的課題２
―迷惑行為・自殺・サブリース―

太田秀也・著

Ａ５判・並製・カバー装・定価　本体3,600円（税別）
送料実費・図書コード3157

● 賃貸住宅においてトラブルの多い「迷惑行為」「自殺」「サブリース」について、最近の裁判例、学説、実務を踏まえ、具体的な見解・対応を示した最新版！

［本書の内容］
第１章　迷惑行為
　賃借人による迷惑行為について、それを類型ごとに整理するとともに、どのような場合に契約解除が認められるかを判例等を踏まえ考察。
第２章　自殺
　賃借人の自殺があった場合に、その程度の賠償責任があるかを中心に裁判例を踏まえ具体的に考察するとともに、告知、賠償算定に関する運用指針（案）を示す。
第３章　サブリース
　賃貸受託におけるサブリースの実態を整理・紹介するとともに、賃貸人からの更新拒絶等の契約終了に係る法的課題を中心に考察。

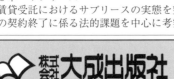

〒156-0042　東京都世田谷区羽根木1-7-11
TEL 03-3321-4131　FAX 03-3325-1888
ホームページ http://www.taisei-shuppan.co.jp/
※ホームページでもご注文いただけます。